職業教育·城市軌道交通類專業教材

Chengshi Guidao Jiaotong Diandong Lieche Jiashi

城市轨道交通电动列车驾驶

蔡海云　主　编

钟　毅　副主编

人民交通出版社股份有限公司
China Communications Press Co.,Ltd.

内 容 简 介

本书为职业教育·城市轨道交通类专业教材,介绍电客车司机一次标准作业过程和作业内容,主要内容包括出勤与退乘、交接班作业、出入车辆段(停车场)作业、正线驾驶作业、折返作业、车辆段(停车场)内调车作业及列车调试作业和非正常情况行车。

本书采用项目任务形式,全书共分 8 个项目、23 个任务。强调专业能力的培养,结合实践教学,并增加了实践训练环节,每个实践项目配有考核标准,强化对学生技能培养和必要知识的掌握。同时,重难点知识点配有动画、视频等资源,各项目还配有题库,便于教师教学和学生学习。

本书可供城市轨道交通车辆技术专业教学使用,也可供从事城市轨道交通乘务工作的从业人员和培训人员参考学习。

图书在版编目(CIP)数据

城市轨道交通电动列车驾驶 / 蔡海云主编. —北京:
人民交通出版社股份有限公司, 2018.3
 ISBN 978-7-114-14497-4

 Ⅰ. ①城… Ⅱ. ①蔡… Ⅲ. ①城市铁路 – 电力动车 –
驾驶术 Ⅳ. ①U266.2

 中国版本图书馆 CIP 数据核字(2018)第 017939 号

职业教育·城市轨道交通类专业教材
书 名:**城市轨道交通电动列车驾驶**
著 作 者:蔡海云
责任编辑:闫吉维 司昌静
责任校对:孙国靖
责任印制:刘高彤
出版发行:人民交通出版社股份有限公司
地 址:(100011)北京市朝阳区安定门外外馆斜街 3 号
网 址:http://www.ccpress.com.cn
销售电话:(010)59757973
总 经 销:人民交通出版社股份有限公司发行部
经 销:各地新华书店
印 刷:北京虎彩文化传播有限公司
开 本:787×1092 1/16
印 张:10.25
字 数:237 千
版 次:2018 年 3 月 第 1 版
印 次:2022 年 12 月 第 6 次印刷
书 号:ISBN 978-7-114-14497-4
定 价:36.00 元
(有印刷、装订质量问题的图书由本公司负责调换)

我国城市化进程加快,对交通基础设施规模和质量的需求不断提高。城市轨道交通以其快速、便捷、安全等特点成为大城市交通重点发展的方向。近年来,我国规划建设城市轨道交通的城市数量大幅增加,线网规模显著扩大,对国民生产生活起到了积极的促进作用。随着城市轨道交通行业大繁荣、大发展,对电动列车司机的需求数量明显增加。同时,随着新技术、新装备的飞速发展,对电动列车司机的职业素养和技能水平也提出了越来越高的要求。为了适应上述发展现状和趋势,满足当前教育教学发展的实际需要,我们精心组织编写了本教材。

本书的主要特色有:

1. 本书编写人员有企业技术人员,其他人员也曾接受上海、广州、深圳、武汉、南京、杭州等地铁公司培训强化。在编写过程中,我们突破以往教科书的编写模式,内容上注重理论与实操相结合,力求在教学理念、技巧及课程开发等方面有所创新。

2. 为了突出教材实用性,编写人员在仔细分析企业岗位技能具体要求的前提下进行了项目设计,在课程教学目标的基础上,强调以学生为中心,突出职业教学和岗位培训的特点。

3. 本书在某些知识点的介绍上,是以全国目前最先进、最典型的案例来介绍的,配有大量的实物图片,以便于学生能更感性地认知。

4. 为方便教学,学生在学习完每个项目后可通过实训模块及复习与思考进行自我考核,从而及时检查学习效果。

5. 编写全程体现了"工学结合、校企合作"的理念,由行业专家、学者全面参与本书的编审。

本书由湖北铁道运输职业学院蔡海云(项目一、二、三)、钟毅(项目四、

五、六、七），南京地铁公司指导司机雷锟（项目八）编写，湖北铁道运输职业学院杨力也编写了部分内容。编写过程中以职业教学标准为依据，结合武汉、南京、北京、广州、西安、杭州等地铁公司的实际资料，根据司机一次作业标准编写司机应该掌握的作业内容和相关规定，本书采用当前通行的项目教学的方式编写，通过提炼总结长期教学经验，突出了对学生操作技能的训练，将专业知识融于实训演练中。在教学过程中，需要教师和学生开发实训环境，营造实训氛围，才能取得良好的教学效果。

本书编成后，虽然经过反复修改和校对，但由于时间仓促以及编者水平有限，不足甚至错漏之处在所难免，欢迎读者批评指正。

作　者
2018 年 1 月

目录
MULU

项目一　整　体　认　知

随着我国轨道交通事业的蓬勃发展,城市轨道交通电客车司机作为一个新兴职业进入大家视野。司机作为城市轨道交通运营环节中的一个特殊工种,他们的工作是为了满足乘客的出行需求,安全、正点完成列车驾驶任务。其职业特点是:与领导分离,独立工作;责任重、风险大;司机是运营安全的"守门员",是城市轨道交通运输一线的主力军,是行车安全的一道重要防线。因此对城市轨道交通电客车司机的培养要求是非常高的,要求他们既要具有扎实的专业理论知识,又要有过硬的专业技能、良好的心理素质,这需要经过长期的学习和磨炼。

一、司机的标准及素质要求

本书所述的"司机"是"电客车司机"的简称。下面简要说明司机相关工种应具备的基本素质。

1. 司机

司机是指具有《电客车司机上岗证》,并具备独立驾驶电客车资格的专职人员,负责驾驶电客车在正线上运行及在车辆段/场内进行调车作业。

2. 监控司机

监控司机(简称学员)是指跟随电客车司机学习的学员,未取得《电客车司机上岗证》或不具备独立驾驶电客车的资格,参加了经有关部门组织的屏蔽门理论和实操培训,并考试鉴定合格,协助司机开关屏蔽门和瞭望进路,负有监控列车运行速度及安全责任的人员。也指电客车发生故障,需要司机在尾部驾驶室推进驾驶或以推进模式推进运行时,负责在电客车前端瞭望,监控列车运行速度及运行安全与司机随时保持联系控制列车的运行及停车的工作人员。

3. 指导司机

指导司机是负责监控、指导正线司机作业,检查和落实各项管理制度和作业安全规定,协助电客车队队长管理司机日常事务,服从乘务中心临时性工作安排,并且在正线遇突发事件时协助司机处理和做好随时顶替值乘司机工作的乘务人员。

4. 电客车队长

电客车队长是在乘务中心主任和副主任的领导下,负责电客车车队的日常管理工作;监督下属员工严格执行各项规章制度,不断深入现场检查、了解生产情况,发现问题及时纠正,提出修改和完善规章制度意见的乘务人员。

二、司机的职责

(1)负责按运营时刻表的要求驾驶电客车,严格执行各项规章制度,确保客车安全、准点、快捷、舒适地投入服务,保证运营期间行车安全和人身安全。

（2）司机在正线听从行车调度员（以下简称"行调"）统一指挥，在车场听从信号楼调度统一指挥。日常作业服从电客车队长的统一管理。

（3）负责确认行车凭证，瞭望前方线路，发现危及行车及人身安全的情况时，立即采取紧急措施。负责正线客车运营和车场调车作业的安全。

（4）加强自身业务学习，提高应急处理能力，发生突发事件时，立即报告行调，冷静、果断、及时地处理，尽快恢复列车运营。

（5）严格执行标准化作业。

（6）当班期间遇身体不适，应及时报告司机长或派班员，请求协助，避免影响正线服务。

（7）发生交路混乱时，要有高尚的职业道德，要确保有车有人，服从电客车队长及派班员的安排，确保工作的顺利完成。

（8）在存车线备用的司机，根据行调指示随时做好开行备用车的准备。

三、课程介绍

本课程在城市轨道交通车辆驾驶专业学生基本学习完成其他专业课程后开设，是在一定专业知识的基础上进行专业知识综合应用的一门课程，主要是介绍电客车司机一次作业的内容，使电客车司机了解业务范围和操纵技能，培养职业习惯，形成职业意识，对电客车司机一次作业内容及规范作业有一个系统的理解，便于日后更快地适应工作。本课程将电客车司机的一次作业内容和作业规范分为八个项目进行阐述，每个项目又分若干个任务，将电客车司机应该掌握的理论和技能分解成多个知识点，通过理论学习环节和实训环节，使电客车司机更好地理解其职责和熟练掌握操作技能。

每个项目中的不同任务，介绍了电客车一次作业过程中相应工作内容的工作环境，电客车司机应该了解的安全规定、作业形式、作业程序、作业内容、作业标准、工具设备的认识和使用、相应文件的填写要求，以及专业术语的表达、故障分析及处理能力等，是对其他专业知识的综合应用。

四、课程要求

在课程教学中，理论模块和实训模块不能分开，需要利用实训条件或创造实训条件，将理论模块的内容完全融入实训模块中，进行反复的演练，在演练中思考、总结，并制定严格的考核办法，组织有效的考核，在不断的练习中去感受、接受，从陌生、生疏到熟悉、自然、熟练并形成习惯，通过连续的考核提高学习者的心理承受能力、应变能力。

项目二　出勤与退乘

【学习目的】

　　1. 明确出勤与退乘作业程序,按程序认真完成出勤、退乘作业各项任务。

　　2. 熟悉司机出勤的安全规定。

　　3. 按出勤、退乘作业程序逐项进行各项任务的实作练习,能够正确、熟练地进行出勤、退乘作业。

　　4. 熟悉无线手持台、电客车钥匙等行车备品的正确使用方法。

　　5. 认真、正确填写司机日志(手账)、司机报单等有关表格、附件。

　　6. 明确出勤、退乘作业中涉及的有关行车专业术语及行车方法等事项。

任务一　出勤前的准备

【理论模块】

一、概念

　　出勤前的准备,是司机根据次日驾驶的任务要求、时间班次、工作特点及有关技术要求,预先安排、筹划好自己的学习、休息活动及做好心理调整,以达到行车的业务、生理、心理方面的基本要求。

　　企业员工在规定时间、规定地点按时参加工作或学习。

二、业务准备

1. 基本准备

　　司机根据派班计划,将次日工作任务、要求写在工作手册上,认真领会并有针对性地进行有关理论方面预习、技术方面练习,做好行车预想。同时,将所需资料、用品准备齐全。上岗时统一着装,要求衣着整洁,按规定佩戴领带、肩章、工号牌等,肩章清洁平整,工号牌戴于上衣口袋上方,工号牌的下边沿与口袋盖平齐。司机需按照不同季节要求着装。

2. 熟悉操纵司机职责

　　(1)严格遵守各项规章制度,正确执行各项操作程序,确保客车运行安全。

　　(2)严格按照列车运行图行车,维护运行秩序;工作中严守岗位,不得擅自离岗。

（3）严格按照要求规范使用驾驶室设备，爱护列车，精心操作，平稳驾驶。

（4）保证运营期间行车和人身安全。

（5）在正线，服从行调统一指挥，在车辆段（停车场）听从车辆段调度统一指挥。

（6）负责确认行车凭证，进行不间断瞭望，发现危及行车及人身安全的情况时，立即采取减速或停车措施。

（7）负责正线列车运营和车辆段（停车场）调车、调试作业的安全。

（8）发生突发事件时，立即报告行调并冷静、果断、及时地处理，尽快恢复列车运营。

（9）严格执行标准化作业，监督学员按章作业，确保行车安全。

（10）操纵司机如遇身体不适时，应及时报告派班员，按其指示办理。

（11）遇临时性任务时要服从派班员的安排，确保有车必有司机值乘，确保任务的顺利完成。

（12）在换乘室折返的司机，根据行调指示随时做好开行备用车的准备。

3. 熟悉监控司机（学员）职责

（1）负责按标准要求完成开关屏蔽门的操作。

（2）负责监控屏蔽门状态以及确认站台安全。

（3）出现屏蔽门故障或其他应急情况时，立即通知操纵司机，并协助司机处理。

（4）负责协助司机瞭望前方线路及信号，发现危及行车及人身安全的情况时，及时通知司机并采取紧急措施。

（5）认真确认行车凭证，发现司机违章动车时，立即提醒司机并采取紧急停车措施。

（6）服从操纵司机领导、监督，认真履行岗位职责，完成好本职工作。

4. 了解乘务派班员职责

（1）根据列车时刻表、司机交路表和行车通告公布的作业计划，编制电客车司机值乘表和工程车司机值乘表。

（2）根据行车要求、计划变更和员工病、事假等，及时调整人员，认真做好电客车司机和工程车司机的运用计划。

（3）向出勤司机认真传达上级有关指令、指示和行车注意事项，并检查司机抄录是否正确、随身携带备品是否齐全。

（4）负责检查司机出勤时精神状态、仪容仪表及监督司机接受酒精含量测试。

（5）认真听取、记录司机汇报的问题，查问清楚并做出正确指导，必要时立即向上级汇报，取得处理意见，指示司机作业。

（6）负责司机报单的核对、统计工作和乘务员工的考勤工作，办理员工的请销假手续。

（7）协助做好车队检查工作，督促正线值乘司机按章行车和标准化作业。

（8）协助检查公寓候班司机到位情况和遵章守纪情况，监督司机认真填写各种登记簿。

（9）正确使用、管理、保养行车备品，做好岗位卫生，认真执行交接班制度。

（10）完成领导临时交办的其他工作。

5. 熟悉出勤、退乘基本作业程序

出勤和退乘有派班室出勤、退乘和正线出勤、退乘之分，这里只介绍派班室出勤与退乘程序（图2-1、图2-2），正线出勤与退乘程序在正线作业中介绍。

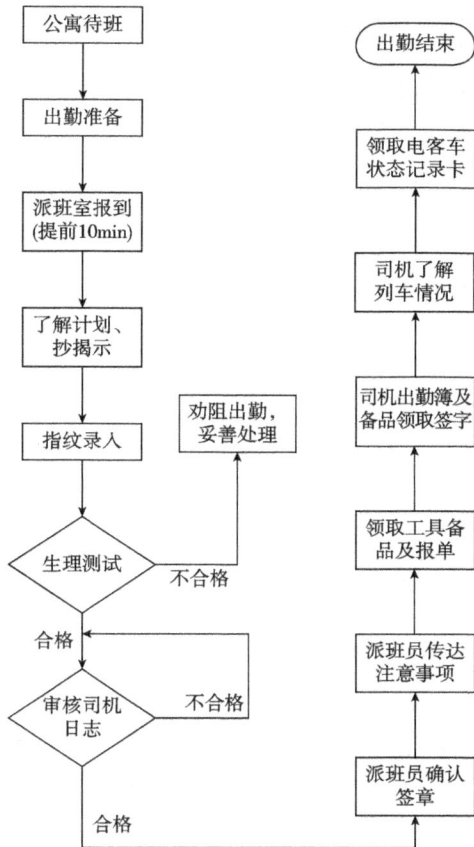

图 2-1　派班室出勤作业程序流程　　　　图 2-2　派班室退乘作业程序流程

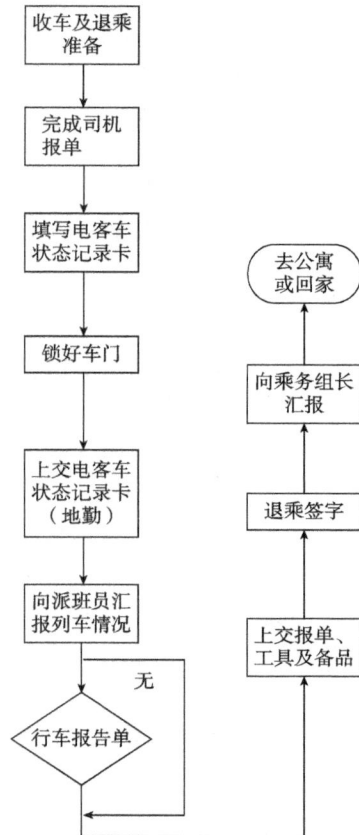

三、生理准备

（1）注意饮食卫生，防止疾病和不适，保持身体健康。

（2）出乘前 8h 严禁饮酒或服用影响精神状态的药物，充分休息好。值乘早班交路时，值乘司机应在公司公寓候班，保持精力充沛。在公寓休息时间段，司机的所有活动必须围绕次日工作的任务、要求进行，不得进行任何影响本人及他人休息的活动。熄灯后，关闭手机，充分睡眠。

四、心理准备

司机进入待乘时间段，须进行心理准备，调整心态；不做剧烈运动，不参加刺激的娱乐活动；同事之间和谐相处，待人态度谦和，避免发生争执；注意保持稳定情绪及良好的精神状态。

五、出勤环境、设备及要求

1. 派班室布置

派班室布置示例如图 2-3 所示。

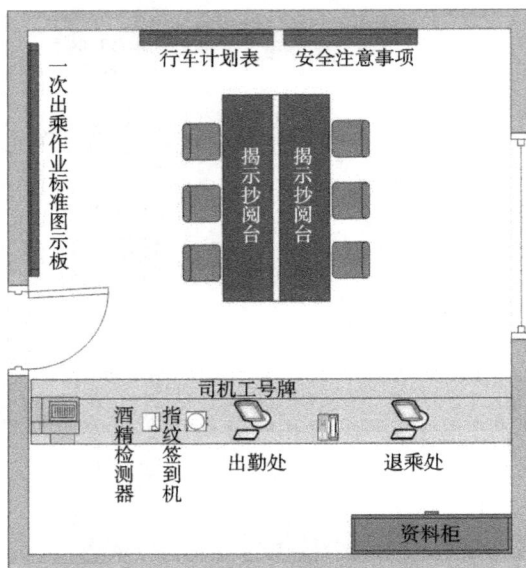

图 2-3 派班室布置示例

2. 行车计划一览表

行车计划一览表如表 2-1 所示。

行车计划一览表 表 2-1

序号	姓 名	接车地点	计划开点	备 注

3. 行车计划与注意事项显示牌

行车计划与注意事项显示牌如图 2-4 所示。

图 2-4 行车计划与注意事项显示牌

4. 一次出乘作业标准

一次出乘作业标准如图 2-5 所示。

图 2-5　电客车司机一次出乘作业标准

着装标准

- 帽徽对正 帽檐齐直
- 衬衣领及 领带平整
- 工牌戴于 左胸口袋 上方中间
- 臂章戴于 左大臂偏 上处
- 外衣整洁 袖领平整
- 裤脚遮住鞋面 穿着黑色皮鞋

领取备品　动车出库
签字盖章　开关门试验　确认信号
确认手账　消防检查　站台作业
出勤提问　车门开启　签字退勤
检查车体外观　开门作业　交还备品
相互敬礼　进站停车　退勤
抄写揭示　折返发车　到达下车
检查部件　车次交接　锁闭驾驶室
检查走行部　填写报单　交班
出勤　检查车钩　准备接车　关闭车门
检车　正线　清客完毕

站姿标准

- 目视前方 表情自然 下颌后收
- 两肩平齐 挺胸收腹
- 两手自然下垂 紧贴裤缝
- 两腿并拢 挺直后压
- 两脚尖分 开约60°

【实训模块】

一、实训目的

明确实训前有哪些方面的准备和注意事项，并按要求充分准备，逐渐养成良好的职业习惯。

二、实训准备

（1）出勤前，必须充分休息、调整，保持良好的身体状态和心理状态。

为保证遵章按图行车训练，各学员在出勤前的身体和心理状态必须符合行车要求，具体要求见"身体、心理状态登记表"（表2-2）中登记项目。各位学员均应按该登记表中的10个项目对照准备和调整。指导教师确认或学员自我判定不能担当训练任务或影响正常训练的，必须向任课教师说明并填写"身体、心理状态登记表"。任课教师确认后，调整训练计划或进行妥善处理。

身体、心理状态登记表 表2-2

姓名		日期		计划车次		计划时间	
序号		登记项目		实际状况		备注	
1		出勤前 8h 是否饮酒		是/否		何酒、饮量、影响	
2		出勤前休息情况		好/一般/差		睡眠、休息效果	
3		出勤前饮食情况		正常/不正常		是否新鲜、卫生	
4		身体是否有病		有/无		何病、状态	
5		身体是否有不适		有/无		体征状态	
6		正课时间是否需要就医		是/否		是否需调整计划	
7		是否服用了影响精神状态的药物		是/否		何药、影响程度	
8		是否与他人发生过矛盾		是/否		原因、程度	
9		有无不良情绪		有/无		影响程度	
10		身体及心理状况是否影响正常训练		是/否		影响程度	
指导教师意见							

注：登记时要真实、准确，不得隐瞒或弄虚作假，凡经查实有隐瞒或弄虚作假的，一律按严重违纪处理。

（2）准备好出勤、实训所需资料、用品。

出勤前，学员应携带实训证、实训指导书、实训手册、司机手账、时刻表、手电筒等训练资料、用品和行车规章等学习资料。

（3）学员实训服装要求。

按季节穿着规定的制服（含衣、裤、领带、鞋、帽），佩戴规定标识。

（4）不同角色的适应。

操纵司机、监控（学习）司机、派班员。

（5）提前10min到达派班室报到。

三、实训步骤

（1）检查并确认学员业务技术、身体及心理准备情况，填写"身体、心理状态登记表"。

（2）检查实训所需资料、用品准备情况。

四、实训记录、总结及评定

1. 记录

（1）学员及时在实训手册上填写出勤准备实训目的、实训任务及要求，并领会、熟悉。

（2）在实训练习过程中，将实训学习、练习的过程、结果及时记载到实训手册，并简要分析。

2. 总结

学员根据实训手册中实训目的、每日实训任务、实训记载进行总结。

3. 评定

教师根据每个或每组学员的实训情况进行客观评定。

任务二　出　勤　作　业

【理论模块】

一、出勤作业程序

1. 正线出勤作业

（1）正常情况正线出勤规定

司机须按发车时间提前20min（各公司规定存在差异）到达正线换乘室，抄写当日行车注意事项，及时在司机长处出勤，向司机长汇报当日值乘安全行车预想。

司机长须确认司机按规定着装，精神状态及仪表仪容等符合上岗要求，带齐行车备品，审核司机日志中行车安全注意事项符合安全行车要求，然后在司机日志上签章交回给司机，并再次口头传达有关安全注意事项。

出勤后，司机通过运营时刻表确认所接车次、时间，并提前5min到达站台指定地点接车。

（2）特殊情况正线出勤规定

车场组司机加开列车，除按规定在车场派班室出勤外，还须通过派班室固定电话提前30min与正线当班司机长联系确认行车安全注意事项。

备班司机正线"顶饭圈"值乘前及正线突发情况替班司机值乘前，须提前30min与正线司机长联系确认任务并按上述第一款规定办理正线出勤作业手续。

2. 车场出勤作业

（1）按规定出勤时间提前10min到派班室报到。

（2）抄写当日运行揭示、安全注意事项。抄写运行揭示实况如图2-6所示。

图2-6　抄写运行揭示实况

（3）阅读安全提示卡，根据列车种类、客流、天气等情况，做好安全行车预想。

（4）接受指纹影像识别、酒精含量测试，设备如图2-7所示。

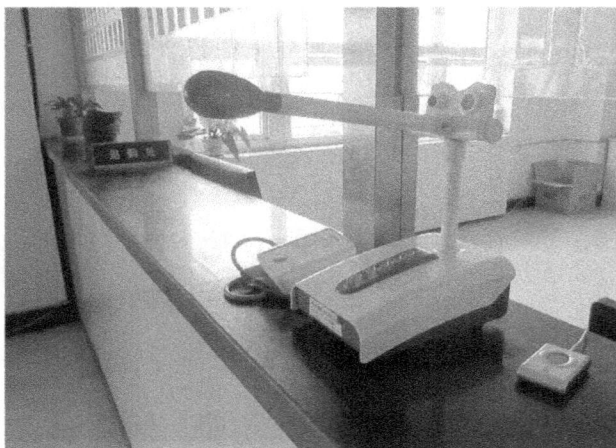

图2-7　指纹影像识别、酒精含量测试设备

（5）派班员确认司机的精神状态及仪表仪容等符合上岗要求，审核司机手账（日志）（表2-3、表2-4）的行车注意事项，转达相关安全注意事项、车次、车号、列车出场方向、停放股道、出库方向及是否担当运营等，确认司机手账填写齐全，值班员（派班员）审核、签字盖章，如图2-8所示。

（6）领取司机报单（表2-5）、日检故障单、无线手持电台、主控钥匙、方孔钥匙、站台门钥匙（图2-9）、手电筒等行车用品。确认无线手持电台（图2-10）、手电筒电量充足。

（7）检查确认行车备品数量齐全、状态良好后，在借用登记簿上进行登记。

（8）在车辆段出勤时领取电客车状态记录卡（表2-6、表2-7）。了解值乘列车（车辆）的技术状况与故障记录，以备对于临修后的部位进行验收确认。

（9）在车辆段出勤时，与车辆段调度核对列车状态和停放股道。

司　机　日　志　　　　　　　　　　　　　　　　表 2-3

司机手账(日志)

（姓名）

自 20 ＿＿＿ 年＿＿月＿＿日
至 20 ＿＿＿ 年＿＿月＿＿日

××地铁××部乘务××

司机手账(日志)内容 表 2-4

客车/机车号			派班室签章			
司机		监控员			学员	
接车班次		始发站			天气	
行车揭示安全注意事项						
安全行车预想						
执行规章及完成任务情况						
客车(机车)状况						
交车班次		交班时间地点			派班室签章	
备注						

图 2-8 出乘时办理手续作业图

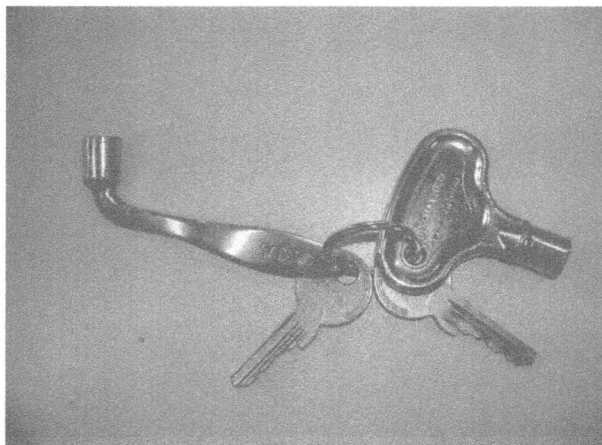

图 2-9 电客车系列钥匙

司 机 报 单　　　　　　　　　　　　表 2-5

日期：　　　年　　月　　日　　　　　　　　　　　　　　　　　编号：

职务	代号	姓名		出勤时间	退勤时间
				出勤派班员	退勤派班员

序号	车号	车次	始发站	时间	终到站	时间
1						
2						
3						
4						
5						
6						
7						
8						
9						
10						
11						
12						
13						
14						
15						
16						
17						
18						
19						
20						
运行公里						
行车记事						

图 2-10　无线手持电台

电客车状态记录卡(正面)　　　　　　　　　　　　表 2-6

日期：　　　年　　　月　　　日　　　　　　　　　　编号：

车次：	停放位置：	道　　段	出车辆段方向：
电客车技术状态良好,符合运行条件 检修调度员：_____　_____年____月____日 车辆段调度员：_____　_____年____月____日			

一位端公里表计数：　　　km	备	
二位端公里表计数：　　　km	注	

电客车状态记录卡(背面)

故障报告单
表 2-7

序号			车辆状态	故障描述
1	车卡号		牵引 制动 惰行 停车	
	车次号			
	故障时间			
	故障等级			采取措施：　　　　　　　报告人：
2	车卡号		牵引 制动 惰行 停车	
	车次号			
	故障时间			
	故障等级			采取措施：　　　　　　　报告人：
3	车卡号		牵引 制动 惰行 停车	
	车次号			
	故障时间			
	故障等级			采取措施：　　　　　　　报告人：
4	车卡号		牵引 制动 惰行 停车	
	车次号			
	故障时间			
	故障等级			采取措施：　　　　　　　报告人：
5	车卡号		牵引 制动 惰行 停车	
	车次号			
	故障时间			
	故障等级			采取措施：　　　　　　　报告人：

二、出勤作业标准用语

1. 主要标准用语

（1）用语基本要求

礼貌讲话,声音洪亮,使用普通话。

（2）主要用语

①出乘、退勤时,听到呼唤自己时,应立即答"到"。在领受口述传达、指示后,应回答"是"或"明白"。

②需要技术咨询时,可使用"报告××,我是××,请问……"

③手持电台或无线台使用语。

听到呼叫应回答:"你好,我是××,请讲",然后再听其他事情。

自己主呼时,询问列车状态和停放股道等事项:"××调度,我是××,请问……"

被呼应答时,听清楚并复诵后,回答"××明白"。

行车联系时数字发音标准见表2-8。

行车联系时数字发音标准　　　　　　　　　　表2-8

1	2	3	4	5	6	7	8	9	0
yao	liang	san	si	wu	liu	guai	ba	jiu	dong
幺	两	三	四	五	六	拐	八	九	洞

④出勤、退乘报到。

出勤:"报告,××机班出乘,请你指示。"

退乘:"报告,××机班退乘,向你汇报运行情况……"

2. 专业术语

(1)运行揭示调度命令

运行揭示调度命令是由施工(电务施工、工务施工、供电施工等)调度室编制的,涉及限速(含有计划和临时)要求,行车办法的调整、改变,设备运用变化等内容,并下达到行车运用部门的"指令性"行车事项。

(2)运行揭示

运行揭示是根据"运行揭示调度命令"内容编辑后,揭挂出示的"指令性"行车事项。揭挂公示在出勤揭示栏内,便于司机和监控司机阅读、复诵和抄写。

运行揭示内容举例及案例如下。

①运行揭示内容举例。

自发令时起,××站至××站间停止使用移动闭塞法,改用电话闭塞法组织行车,行车凭证为路票。具体行车办法按《行车组织规则》规定执行。

②案例。

××年×月×日,上行××站至××站间采用电话闭塞法组织行车,12:50,××次××车××站未接到行车凭证(路票),司机无行车凭证就动车,发生了无行车凭证动车事件。

现将事件分析如下:

a. 出勤作业。

操纵司机、监控司机出勤时,阅读、抄写了当日运行揭示(上行××站至××站间采用电话闭塞法组织行车),其当日安全注意事项及安全行车预想最重要的一点就是关于电话闭塞法行车内容。但操纵司机、监控司机出勤时对采用电话闭塞法行车组织方法的理解不清楚,对行车书面凭证——路票(图2-11)必须确认的项目也不明确,又没有及时向派班员请教,一知半解就结束了出勤作业,为此次无行车凭证动车事件埋下隐患。

b. 正线作业。

在上行采用电话闭塞法的起始站,操纵司机、监控司机本应认真执行标准化作业,互相提醒,也许能弥补出勤作业时留下的隐患。遗憾的是,两人执行标准化作业不严格,简化作业,未以呼唤应答,未以手指、口呼、眼看的方法进行开车前的三确认(凭证、进路、发车信号)

就盲目动车,由出勤作业漏洞造成了无行车凭证动车事件。

```
┌─────────────────────────────────────────┐
│              路  票    No. _____        │
│                                           │
│   电话记录第 _____ 号,车次 _____    │
│   _____ 站 → _____ 站          │
│                                           │
│          车站值班员 _____        │
│                                           │
│ ┌─────────┐                               │
│ │ ××站   │    _____年_____月_____日      │
│ │行车专用章│                               │
│ └─────────┘                               │
└─────────────────────────────────────────┘
```

图 2-11　书面行车凭证——路票

结论:出勤作业与正线作业同样重要,决不能敷衍了事走过场。

【实训模块】

一、实训准备

(1)建议设置一个具有设备和派班室环境的实训室。

(2)打印好司机报单、电客车状态记录卡、路票等。每个学员一本司机手账。

(3)做好学员号牌。

(4)模拟驾驶的系列钥匙和手持电台。

(5)布置好揭示牌及内容。

(6)制定好排班表。

二、实训内容

1. 出勤作业程序演练

(1)演练角色

①派班员。

②操纵司机、监控司机。

③正线司机长。

(2)基本要求练习

①按规定着装。

②标准姿势动作练习。

③标准用语练习。

④行车揭示、行车有关凭证确认练习。

⑤行车无线手台试用、有关备品确认、交接练习。

⑥司机报单、电客车状态记录卡、路票、司机手账等有关内容的填写、确认练习。

(3)出勤作业程序内容演练

①正线出勤作业。

②车辆段出勤作业。

③调车、调试人员出勤作业。

2. 实训记录、总结及评定

(1)记录

①学员及时在实训手册上填写出勤作业实训目的、实训任务、要求,并领会、熟悉。

②在实训练习过程中,将实训学习、练习的过程、结果及时记载到实训手册中,并简要分析。

(2)总结

学员根据实训手册中实训目的、每日实训任务、实训记载进行总结。

(3)评定

教师根据每个或每组的实训情况进行客观评定。

任务三 退乘作业

【理论模块】

一、概念

电客车司机的退乘是指司机按计划完成乘务任务后,将列车驶回停车库或者将列车交给其他接班司机后离开驾驶岗位,到规定的地点办理"乘、地"行车事宜,汇报运行情况以及行车资料交接、审核等手续的过程。

二、退乘作业一般规定

(1)在车辆段(车场)内交班时,到运转室(派班室)退乘,在正线交班时,到规定车站派班室退乘。

(2)执乘司机要亲自退乘,不得代理。

(3)退乘时,须按要求逐项完成退乘作业手续,不得简化作业。

三、退乘作业程序

1. 车辆段退乘作业

(1)回库列车在进库停妥后,司机全面巡检列车,并且按规定"收车"后方准退乘。

(2)填写电客车状态记录卡。发生故障的,还应填写故障报告单。

(3)对乘务中执行公司规定的操作规则、标准化作业、完成任务及运缓等情况做出说明。

(4)库内退乘时,司机要将列车运行中发生的技术异常情况和安全异常情况向派班员汇报。

(5)将司机报单、列车钥匙、行车备品交运转值班员(派班员)。

(6)司机在运行中发生事故、事件时应填写事故/事件、好人好事登记表(表2-9)等书面材料或说明交值班员(派班员)。

(7)司机在运行途中交接班时,必须与接班司机交接清楚列车的运行技术状态,并填写在司机报单上,内容包括制动性能、故障情况、线路情况、调度命令接收情况以及其他必须交接的事项。

(8)司机在正线运行途中交班退乘还必须向派班员说明列车的技术状态、运行情况以及其他有必要交接的项目和内容。

事故/事件、好人好事登记表

表2-9

编号:

姓名		时间	年 月 日 时 分
现场人员		地点 (区间、公里、米)	
车次		车号	
类别	1. 事故	2. 事件	3. 好人好事
事故/事件、 好人好事概 况及原因			
处 理 情 况			

(9)司机在运行过程中发生运行事件、行车事故等,有关安全职能部门、行车运转管理部门认为有必要令其退乘时,司机应按规定立即退乘到规定处所报到,配合有关部门做好事故/事件的分析、调查、处理工作。

(10)司机退乘工作结束后应到司机公寓(换乘室)向乘务组长汇报本次乘务工作,总结当日工作情况并听取次日行车工作计划与安全注意事项。

2. 正线退乘作业

(1)司机在交接班站交接班完毕后,到交接班换乘室退乘。

(2)填写好司机报单,向司机长汇报当班的运营情况,上交司机报单。

(3)司机长确认备品齐全、状态良好,在司机手账中盖章确认后,司机退乘。

3. 停车场退乘作业

(1)客车到达指定股道对标停稳后,记录列车走行公里,带齐列车备品。

（2）确认降弓、关主控钥匙，休眠。

（3）司机在下车时锁好驾驶室侧门，必须向派班员汇报当日列车运营情况和车辆质量情况。对有故障的车辆，司机必须认真填写日检故障单；对运营中发生的事故或事件，司机应如实填写行车事故报告单，并归还司机报单等行车备品。

（4）派班员确认归还的备品齐全、状态良好，做好"三交三问"，并在司机手账中盖章确认后，司机退乘。

4.特殊状况退乘

（1）正线突发情况需提前退乘司机、临时替班司机应与正线司机长办理退乘。

（2）司机当班期间如无行车事故发生，司机长不组织召开班组会，且交路是便乘下班时，可打电话至司机长退乘，退乘后确保及时上交司机报单。高峰组司机便乘交路时，在指定换乘室打电话到派班室进行退乘作业。

班后做好行车总结。对于行车工作中发生的事故，必须要及时准确地汇报，便于有关人员进行调查处理。

四、司机退乘作业的其他规定

（1）遇下列情况时，不得退乘：

①不在规定退乘地点时。

②设备备品不清时。

③接班司机未到岗时。

④发生车辆故障或行车事件未交接清楚时。

⑤会议室及换乘室卫生不清洁时。

⑥不具备退乘的其他情况。

（2）交接班期间，如遇接班司机未及时到岗时，下班司机必须坚持将列车开到终点站后，再听从司机长安排，未按时接班者一律按"漏乘"处理。

【实训模块】

一、实训准备

（1）建议设置具有设备和派班室环境的实训室。

（2）打印好司机报单，电客车状态记录卡，事故/事件、好人好事登记表。

（3）准备好模拟驾驶钥匙、手持电台等行车备品。

（4）学员带好司机手账。

（5）制定好排班表。

二、实训内容

1.退乘作业程序演练

（1）演练人员

①派班员。

②操纵司机、监控司机。

③正线司机长。

（2）基本要求练习

①按规定着装。

②标准姿势动作练习。

③标准用语练习。

④有关表报的填写练习。

⑤行车备品确认、交接练习。

（3）退乘作业程序内容演练

①正线退乘作业。

②车辆段退乘作业。

③调车、调试人员退乘作业。

2. 实训记录、总结及评定

（1）记录

①学员及时在实训手册上填写退乘作业实训目的、实训任务、要求，并领会、熟悉。

②在实训练习过程中，将实训学习、练习的过程、结果及时记载到实训手册中，并简要分析。

（2）总结

学员根据实训手册中实训目的、每日实训任务、实训记载进行总结。

（3）评定

教师根据每个或每组学员的实训情况进行客观评定。

复习与思考

1. 司机出勤前的准备，主要包括哪几方面内容？

2. 何谓运行揭示？运行揭示主要涉及哪几方面内容？

3. 乘务作业或模拟驾驶训练前，填写身体、心理状态登记表时，主要登记项目有哪些？

4. 车场出勤、退乘作业，司机需领取的行车用品及抄（填）写的表报主要有哪些？

5. 通过学习，你对出勤、退乘基本作业程序是否熟悉？经过实训练习，你能否规范地进行出勤与退乘作业？

6. 通过实训练习，你能否认真、正确地填写司机手账（日志）、司机报单等有关表报？

项目三 交接班作业

【学习目的】

1. 明确库内交接班作业、正线交接班作业中的交班司机、接班司机作业程序、作业内容。

2. 熟悉司机在交接班作业中的有关安全规定。

3. 按库内交接班、正线交接班作业程序逐项进行各项作业任务的实作练习,达到正确、熟练地完成交、接班司机之间及司机与派班员等相关人员之间的各项交接内容及手续。

4. 正确填写司机手账(日志)、司机报单等有关表报,熟悉电客车状态记录卡、故障报告单的内容及含义。正确交接电客车运用检修状态。

5. 进行标准化交接班作业练习,达到程序、姿势动作、用语标准化。

任务一 库内交接班作业

【理论模块】

一、交班司机

(1)回库列车进库停妥后,交班司机要全面巡检列车,将列车技术异常情况在电客车状态记录卡、故障报告单中详细填写,作为交接车依据,并且按规定收车。

(2)与检修调度或检修有关人员交接车辆技术状态。对故障记录进行对口交接、说明。

(3)退乘时,司机要将电客车状态记录卡、故障报告单、司机手账以及司机报单中关于车辆技术状况的记载情况向派班员汇报清楚。

(4)司机在运行中发生安全、正点方面事故、事件及异常情况应写出书面材料,向派班员汇报清楚。

(5)将司机报单、电客车状态记录卡等表报及列车钥匙、无线手持电台等备品交运转派班员。

二、接班司机

(1)接班司机按出勤点提前10min到达派班室,办理点名及出勤交接相关手续。

(2)接班司机交接主要内容如下:

①听取派班员传达行车事项及指示,与派班员交流,正确理解行车揭示、行车办法、行车凭证有关内容及含义。

②与派班员办理无线手持电台、列车钥匙等行车备品交接。

③交接查阅电客车状态记录卡、了解所接车辆运用检修技术状态。

④交接、领取司机报单等表报。

(3)与检修调度或检修有关人员交接车辆技术状态。了解值乘列车(车辆)的技术状况与故障记录,对于列车临修后的部件、处所要认真验收确认。

【实训模块】

一、实训准备

(1)建议设置一个具有完整的城市轨道交通车辆驾驶室的模拟设备或真实可操作的车辆的实训环境。

(2)设定一定数量的电客车状态记录卡、故障报告单以及司机手账、司机报单、事故报告单。

(3)行车工具及备品。

二、实训内容

1. 角色及形式

(1)角色

①司机(交班司机和接班司机)。

②检修有关人员。

③派班员。

(2)形式

4～5人一组,各自担任一个角色练习,熟练后互换角色,各角色都必须担当。

2. 内容

(1)交班司机与派班员的作业程序演练。

(2)交班司机与检修人员的交接作业程序演练。

(3)接班司机与派班员的作业程序演练。

(4)接班司机与检修人员的交接作业程序演练。

3. 实训记录、总结及评定

(1)记录

①学员及时在实训手册上填写交接班作业实训目的、实训任务、要求,并领会、熟悉。

②在实训练习过程中,将实训学习、练习的过程、结果及时记载到实训手册中并简要分析。

(2)总结

学员根据实训手册中实训目的、每日实训任务、实训记载进行总结。

(3)评定

教师根据每个或每组的实训情况进行客观评定。

任务二　正线交接班作业

【理论模块】

一、正线站台交接班

（1）接班司机按出勤点提前 10min 到达换乘室,办理点名及出勤交接相关手续。

（2）接班司机提前 5min 到达站台接车处。

（3）在驾驶室外,交班司机、接班司机互相行礼,进行对口交接班,交接班情景如图 3-1 所示,交接主要内容如下:

图 3-1　正线站台对口交接班图

车站交接班

①列车车次、行车相关设备设施的状态。

②交接有效的行车命令、行车凭证及有关行车安全注意事项。

③交接无线手持电台、列车钥匙等行车备品。

④查阅司机报单,有关内容交接清楚。

⑤交接车辆运用技术状态:查阅电客车状态记录卡,检查车辆是否有故障及故障现象,在操作、运用时应注意的事项。

（4）站台交接班完毕后,交班司机在安全线内目送列车安全离站。

（5）交班司机到换乘室办理退乘手续。换乘室办理退乘手续如图 3-2 所示。

二、正线两端终点站交接班

（1）正线两端终点站交接班严格做到“一不接,二不交”:

①到达（交车）司机未交班不接班。

②接车司机未上车不交班。

③接车司机未复诵交接事项或复诵不清不交班。

（2）对口交接班时,各项行车有关内容必须交接清楚,主要内容参见正线站台交接班第三项所列5点。

（3）交接班完毕后,交班司机在安全线内目送列车安全离站。

（4）交班司机到规定地点办理退乘手续。

图 3-2　换乘室办理出勤、退乘相关手续

【实训模块】

一、实训准备

（1）建议设置一个具有完整的城市轨道交通车辆驾驶室的模拟设备实训环境。

（2）电客车状态记录卡、故障报告单、司机手账、司机报单及事故报告单。

（3）行车工具及备品。

二、实训内容

1. 角色及形式

（1）角色

①司机(交班司机和接班司机)。

②换乘室值班员。

（2）形式

3～4人一组,各自担任一个角色练习,熟练后互换角色,各角色都必须担当。

2. 演练内容

（1）接班司机与值班员的作业程序演练。

（2）接班司机与交班司机的作业程序演练。

（3）交班司机与值班员的作业程序演练。

3. 实训记录、总结及评定

（1）记录

①学员及时在实训手册上填写正线交接班实训目的、任务、要求，并领会、熟悉。

②在实训练习过程中，将实训学习、练习的过程、结果及时记载到实训手册中并简要分析。

（2）总结

学员根据实训手册中实训目的、任务、实训记载进行总结。

（3）评定

教师根据每个或每组学员的实训情况进行客观评定。

复习与思考

1. 交班司机在库内交接班，交接程序及有关规定有哪些？

2. 接班司机在库内交接班，交接主要内容有哪些？

3. 司机在正线站台交接班，交接主要内容有哪些？

4. 正线两端终点站交接班严格做到"一不接，二不交"的内容是指什么？

项目四　出入车辆段(停车场)作业

任务一　列车检查

【理论模块】

一、列车检查目的

　　为了确认列车技术状态良好,充分发挥列车各项技术性能,使列车顺利完成安全正点、优质服务客运任务,要求接班司机对列车进行全面检查,以便掌握列车技术状态,同时,及时发现列车不良状态,及时报修,在整备时间内排除故障,保证列车以运用状态投入运营。

二、列车检查要点基本要求

1. 熟悉车辆主要设备结构特征及主要技术标准

　　司机应对所使用的列车车型,编组结构,各部件名称,正常安装位置、状态,主要部件的作用原理、技术标准及相互关系等十分熟悉。掌握列车运用特点及容易发生故障的部件和关键部位。充分合理地利用检查时间对列车进行技术检查,保证列车按时并不带故障出库投入运营。

2. 检查顺序

　　(1)检查作业顺序

　　对列车进行检查时,应按规定的检查顺序进行:

①检查走行部。

②检查非出场端驾驶室;激活操纵台→联系信号楼→设置目的地、车次→做功能试验。

③检查客室。

④检查出场端驾驶室;激活操纵台→设置目的地、车次→做功能试验→联系信号楼→准备出场。

电客车检查顺序如图 4-1 所示。

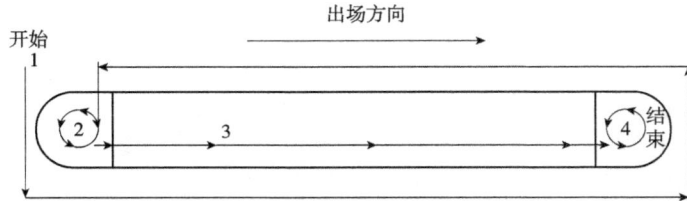

图 4-1　电客车检查顺序图

1-检查走行部;2-检查非出场端驾驶室;3-检查客室;4-检查出场端驾驶室

（2）检查局部顺序

检查作业局部顺序原则上应由上而下、由内而外,以检查部位为"点"由左向右,再由右向左连成"线",使应检查的部位均包括在检查顺序中,做到不漏检、不重复。

3. 对司机的基本要求

列车检查作业,对司机的基本要求是:顺序检查、不错不漏、姿势正确、步伐不乱,目标明确、灵活熟练,手指口呼、耳听目视,判断故障、迅速准确,消除隐患、确保质量。

三、列车检查作业安全规定

（1）司机在列检车到达规定的股道后,先进行"四确认"。

①确认股道及确认车组号正确。

②确认列车前端及驾驶室无各类禁动牌、禁动标志、红闪灯。

③确认地沟、两侧及前方进路无人、无异物侵入限界,库门开启正常、无侵限。

④确认该股道隔离开关为送电状态（图 4-2）,接触网有电（图 4-3）,无挂接地棒。

图 4-2　隔离开关为送电状态

图 4-3　接触网有电指示图

（2）列车检查作业时,应注意人身安全,严禁跳跃地沟。上下车辆应踏稳抓牢,严禁从高处跳下。

(3)列车检查作业必须按先静态后动态的原则做好列车静态检查和动静态测试,没有整备的列车,严禁动车。

(4)受电弓升起后,严禁触摸带电电气部分、进行地沟检查及攀登车顶。

(5)作业中,检查触动的各阀、开关、按钮、手柄应恢复定位;各防护罩、盖板、柜门等应恢复原状。

(6)司机检测到任何影响正常运营的列车故障,应及时向信号楼汇报。

(7)出库便乘司机应从出库端驾驶室登乘,值乘司机与便乘司机应做好安全互控,确保人身安全。

四、电动客车走行部、驾驶室、客室设备检查标准

以广州地铁 3 号线新车型走行部、驾驶室、客室设备检查标准为例,介绍如下。

出乘前检查
(走行部检查)

1. 走行部检查

(1)走行部左侧检查项目、标准

如表 4-1 ~ 表 4-3 所示。

A 车前端及走行部左侧检查标准　　　　表 4-1

序号	主要检查项目	主要检查内容及要求
1	车体外观(前端)	前风窗玻璃有无损坏,刮水器有无变形,客车标志(地铁徽标、标志灯)是否完整清晰
2	运行灯	显示是否齐全,外观有无破损
3	头灯	显示是否齐全,外观有无破损
4	尾灯	显示是否齐全,外观有无破损
5	防爬器	外观有无破损、变形
6	自动车钩	自动车钩有无损坏变形,电气盖板锁闭是否良好,电缆软管有无脱落,各塞门位置是否正确,车钩状态是否正常,车钩有无异物
7	风笛	是否良好、有无异物
8	车体侧墙	外观是否良好、有无倾斜
9	驾驶室侧门	车窗是否清洁,车门锁闭是否良好
10	扶手、脚踏板	外观有无破损、变形
11	客室侧门 1	锁闭是否良好,车窗玻璃是否清洁、有无损坏;锁闭是否良好,门扇各部件是否良好,护指胶条有无损坏、老化、夹有异物;车门钥匙孔状态是否良好
12	线路	无侵限物,列车所在位置的钢轨面无异物
13	转向架 1	转向架上有无异物,轮对踏面是否良好,有无擦伤、剥离;一系弹簧是否良好;构架有无异状、裂痕;制动夹钳、闸片是否良好;轴箱、接地装置是否良好;空气弹簧有无破损、漏气;抗侧滚扭力杆是否良好、有无变形;垂向减振器有无损坏、漏泄;速度传感器是否良好

序号	主要检查项目	主要检查内容及要求
14	客室侧窗 1	是否清洁、有无损坏
15	网关阀	是否良好，箱盖有无打开
16	客室侧门 2	同第 11 项
17	制动电阻器	外罩有无打开、滤网是否有异物
18	客室侧窗 2	是否清洁、有无损坏
19	紧急入口装置	状态是否良好
20	牵引逆变器箱	是否良好，箱盖有无打开
21	客室侧门 3	同第 11 项
22	辅助逆变器箱	是否良好，箱盖有无打开
23	辅助风缸	是否良好，有无漏风情况，各塞门位置是否正确
24	客室侧窗 3	是否清洁、有无损坏
25	转向架 2	同第 13 项
26	客室侧门 4	同第 11 项
27	贯通道密封橡胶	有无损坏、老化
28	半永久牵引杆(A、B 车连接处)	有无损坏、变形；电缆软管有无脱落；软管有无损坏、老化；各塞门位置是否正确

B 车左侧检查标准　　　　　　　　　　　　　　　表 4-2

序号	主要检查项目	主要检查内容及要求
1	客室侧门 1	锁闭是否良好，车窗玻璃是否清洁，有无损坏；锁闭是否良好，门扇各部件是否良好，护指胶条有无损坏、老化、夹有异物；车门钥匙孔状态是否良好
2	转向架 1	转向架上有无异物，轮对踏面是否良好，有无擦伤、剥离；一系弹簧是否良好；构架有无异状、裂痕；制动夹钳、闸片是否良好；轴箱、接地装置是否良好；空气弹簧有无破损、漏气；抗侧滚扭力杆是否良好、有无变形；垂向减振器有无损坏、漏泄；速度传感器是否良好
3	客室侧窗 1	是否清洁、有无损坏
4	智能阀	是否良好，箱盖有无打开
5	辅助逆变器箱	是否良好，箱盖有无打开
6	客室侧门 2	同第 1 项
7	蓄电池箱	箱盖有无打开
8	客室侧窗 2	是否清洁、有无损坏
9	紧急入口装置	状态是否良好
10	风源模块(空气压缩机)	是否良好，各塞门位置是否正确

序号	主要检查项目	主要检查内容及要求	
11	客室侧门3	同第1项	
12	高压箱	高压箱、闸刀开关箱是否良好,箱盖有无打开。车间电源插口有无插线,箱盖有无打开	
13	辅助风缸	是否良好,有无漏风情况,各塞门位置是否正确(塞门保持和风管平行状态)	
14	客室侧窗3	是否清洁、有无损坏	
15	转向架2	同第2项	
16	客室侧门4	同第1项	
17	贯通道密封橡胶	有无损坏、老化	
18	半永久牵引杆(B、C车连接处)	有无损坏、变形;电缆软管有无脱落;软管有无损坏、老化;各塞门位置是否正确	

C车左侧检查标准　　　　　　　　　　　　　　　表4-3

序号	主要检查项目	主要检查内容及要求
1	智能阀	是否良好,箱盖有无打开
2	半自动车钩(C、C车连接处)	车钩连接是否良好,有无损坏变形,电气盖板和解钩盒锁闭是否良好,电缆软管有无脱落,软管有无损坏、老化;各塞门位置是否正确,车钩连接处有无异物
3	其余设备	与A车左侧检查内容及要求相同

（2）走行部右侧检查项目、标准

走行部右侧A、B、C车各有一个低压箱,检查内容及要求为:是否良好,箱盖有无打开。其余检查项目内容及要求同走行部左侧。

2.驾驶室检查

驾驶室检查标准如表4-4所示。

出乘前检查
(驾驶室检查)

驾驶室检查标准　　　　　　　　　　　　　　　表4-4

序号	主要检查项目	主要检查内容及要求	备注
1	左侧驾驶室门	锁闭是否良好,动作是否灵活,有无明显卡滞现象	
2	左侧客室侧门开关按钮面板	按钮、指示灯是否良好,显示是否正确,外罩是否完整	
3	前风窗玻璃	是否清洁、有无损坏;刮水器是否完整无缺、动作是否良好;遮光板动作是否良好	
4	PIDS监视屏	监视屏显示是否正常,铅封是否完整,摄像头位置是否正确	
5	开关面板(主控制面板)	指示灯、开关、按钮是否良好,外罩是否完整、良好,显示是否正确,位置是否正确	
6	头灯开关置于远光位	下车确认头灯远、近灯光显示是否正常	

序号	主要检查项目	主要检查内容及要求	备注
7	头灯开关置于近光位	下车确认近灯光显示是否正常	
8	驾驶面板	按钮开关、指示灯是否完整、良好,显示是否正确;话筒是否良好	
9	仪表面板	各仪表外罩是否完整、有无破裂,速度表、双针压力表显示是否正确	
10	将"列车激活"开关置"合"位	确认"列车激活"开关绿灯亮	
11	闭合主控钥匙开关	钥匙开关是否完整无缺,动作是否灵活、有无卡滞现象	
12	方向开关打"前"位	是否完整无缺,动作是否灵活、有无卡滞现象	
13	主控手柄	是否完整无缺,动作是否灵活、有无卡滞现象;警惕按钮作用是否良好	
14	司机(车辆)显示屏	有无损坏,信息显示是否正常	
15	ATC 显示屏	有无损坏,信息显示是否正常	
16	客车无线电	作用是否良好	
17	紧急制动按钮(右侧)	作用是否良好	
18	右侧客室侧门开关按钮面板	按钮、指示灯是否良好,显示是否正确,外罩是否完整	
19	急救箱	备品、药品是否齐全	
20	驾驶台备品柜(储物柜)	红闪灯、安全帽、防毒面具、灭火器是否齐全,功能是否良好	
21	右侧驾驶室门	锁闭是否良好,动作是否灵活,有无明显卡滞现象	
22	继电器柜	各开关、仪表是否良好,位置是否正确,各旁路开关铅封是否完整,开关位置是否在"分"位;柜门打开、关闭是否良好	
23	设备柜	旁路开关铅封是否完整,开关位置是否在"分"位;柜门打开、关闭是否良好	
24	驾驶室阅读灯、照明灯	作用是否良好	
25	空调出风口	是否良好	
26	摄像头	是否良好	
27	驾驶室盖板	是否齐全、盖好,有无损坏	
28	驾驶室通道门	锁闭是否良好,动作是否灵活,有无明显卡滞现象	

出乘前检查
(客室检查)

3. 客室设备检查

客室检查标准如表 4-5 ~ 表 4-7 所示。

A 车客室设备检查标准　　　　　　　　　　　　　　　表 4-5

序号	主要检查项目	主要检查内容及要求	备注
1	客室内地板	是否清洁、有无明显损坏	
2	客室照明(灯带)	照明是否良好	
3	空调格栅(车顶通风)	通风格栅是否完好	
4	客室盖板	是否齐全、盖好,有无损坏	
5	摄像头	是否良好	
6	左侧 LED 动态地图显示屏	是否良好,有无损坏	
7	客室左侧车门	锁闭是否良好,门扇各部是否良好,护指胶条有无损坏、老化,是否夹有异物;指示灯是否良好;门隔离装置是否良好;紧急出口装置(EED)位置是否正确,塑料盖有无明显破损	
8	客室立柱、拉环	是否齐全、牢固,有无损坏	
9	客室左侧座椅	是否清洁、有无损坏,盖板是否齐全,锁闭是否良好	
10	灭火器	是否齐全、铅封是否良好	
11	右侧 LED 动态地图显示屏	同第 6 项	
12	客室右侧车门	同第 7 项	
13	客室右侧座椅	同第 9 项	
14	客室侧窗玻璃	是否清洁,有无损坏	
15	客室 LED 显示器	是否良好,有无损坏	
16	乘客紧急通话按钮	是否良好,有无损坏	
17	安全锤	是否齐全,塑料盖有无损坏、脱落	
18	行李架	是否齐全、良好,有无损坏	
19	客室设备柜(微机柜)门	是否齐全,有无损坏,是否关好锁紧	
20	客室设备柜(空调柜)门	是否齐全,有无损坏,是否关好锁紧	
21	贯通道侧墙板、顶板、底板	是否齐全、完好,有无损坏	
22	其余设备	名称相同设备检查内容及要求相同	

B 车客室设备检查项目　　　　　　　　　　　　　　　表 4-6

序号	主要检查项目	主要检查内容及要求	备注
1	客室信号柜门	是否齐全,有无损坏,是否关好锁紧	
2	客室继电器柜门	是否齐全,有无损坏,是否关好锁紧	
3	客室受电弓模块柜门	是否齐全,有无损坏,是否关好锁紧	
4	其余设备	与 A 车名称相同设备检查内容及要求同 A 车	

C 车客室设备检查项目　　　　　　　　　　　　　　　表 4-7

序号	主要检查项目	主要检查内容及要求	备注
1	客室继电器柜门	是否齐全,有无损坏,是否关好锁紧	
2	其余设备	与 A 车名称相同设备检查内容及要求同 A 车	

【实训模块】

一、实训准备

（1）建议具备一个单元的真实车辆或车辆模型。

（2）准备进行车辆检查时的备品和工具。

（3）电客车客室车门。

（4）电客车模拟驾驶设备。

（5）电客车检查、试验运用软件。

（6）电客车检查、试验作业视频、课件。

（7）防护信号及标志。

二、列车检查、试验作业安全注意事项

（1）到达停车股道后，确认车组号符合电客车状态记录卡。

（2）确认接触网（第三轨）隔离开关处于送电状态。

（3）确认客车两端有、无"禁动"牌（灯）等警示标志，设好防护信号或标志。

（4）客车两边、两端及底部无异物侵限。

（5）作业中严禁跳跃地沟或从高处跳下。

（6）列车检查、试验操作时，应按规定进行呼唤、鸣笛等安全警示。

（7）升弓（操作受电靴）前，司机确认设备安全且相关人员处于安全位置后，方可呼唤、鸣笛、升弓。

三、实训内容

1. 列车检查实训教学方法、作业要求

（1）教师进行列车检查、试验基本程序、方法讲解、示范。

（2）请学员试做体验，教师指导、纠错、讲评。

（3）学员每两人为一个练习小组，一人实作练习，另一人对标提示，进行配合练习，适时交换。

图 4-4　列车前端各部件

1-刮水器；2-地铁徽标；3-运行灯；4-头灯；
5-尾灯；6-防爬器；7-自动车钩；8-风笛

（4）检查、试验操作过程均采用手指口呼及目视、手动、耳听的方式，并做到：顺序检查、不错不漏、姿势正确、步伐不乱。

（5）学员根据电动客车检查走行路线示意图，进行客车走行部两端、两侧，两端驾驶室及客室内部设备的检查练习。

（6）检查具体行走路线、程序，如图 4-1 所示。

2. 列车检查作业

（以广州三号线新车型为例）

（1）走行部检查

①走行部各部件名称。各部件名称如图 4-4 ~ 图 4-7 所示。

图 4-5　A 车左侧各部件

1-驾驶室侧门;2-扶手、脚踏板;3-客室侧门;4-转向架;5-客室侧窗;6-网关阀;7-制动电阻器;8-紧急入口装置;9-牵引逆变器箱;10-辅助逆变器箱;11-辅助风缸

图 4-6　B 车左侧各部件

1-智能阀;2-辅助逆变器箱;3-蓄电池箱;4-风源模块(空气压缩机);5-车间电源插口;6-高压箱;7-辅助风缸

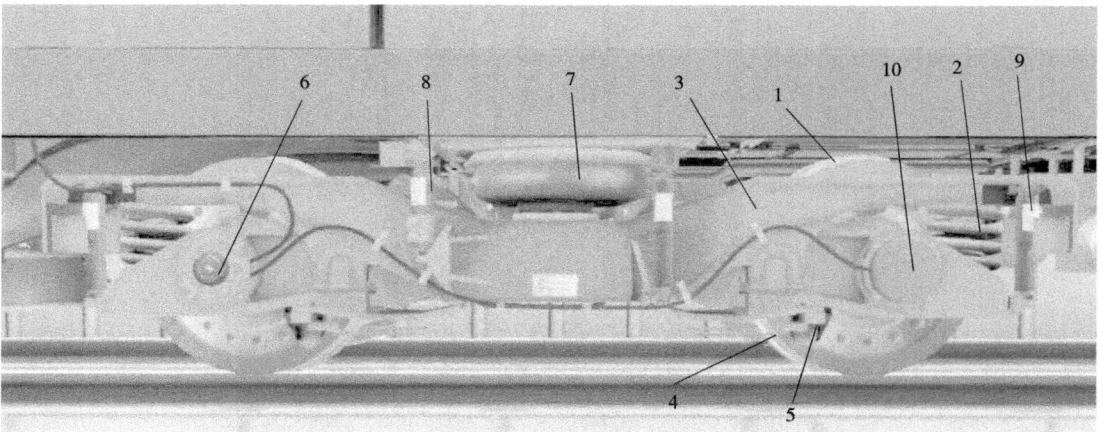

图 4-7　转向架各部件

1-轮对踏面;2-一系弹簧;3-构架;4-制动夹钳;5-闸片;6-轴箱、接地装置;7-空气弹簧;8-抗侧滚扭力杆;9-垂向减振器;10-速度传感器

　　②走行部检查项目及标准。

　　走行部检查项目及标准内容如表4-1～表4-3所示。

　　(2)驾驶室检查

　　①驾驶室各部件名称。

　　驾驶室各部件名称如图4-8～图4-12所示。

图 4-8　驾驶室驾驶台各部件

1-前风窗玻璃、刮水器;2-PIDS 监视屏;3-主控面板;4-驾驶面板;5-仪表面板;6-主控钥匙开关、方向开关及主控手柄;7-司机（车辆）显示屏;8-ATC 显示屏;9-客车无线电;10-紧急制动按钮（驾驶台左右各一个）;11-急救箱;12-储物柜;13-灭火器

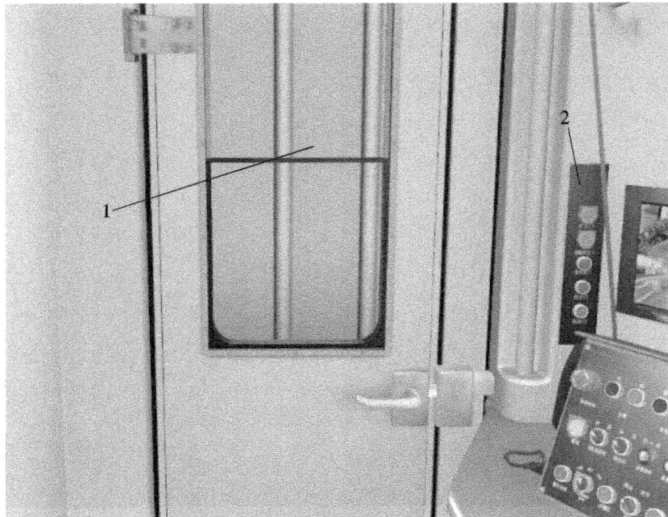

图 4-9　驾驶室侧门及客室侧门开关门按钮面板

1-驾驶室侧门;2-客室侧门开关门按钮面板

②驾驶室检查项目及标准。

驾驶室检查项目及标准内容如表 4-4 所示。

（3）客室检查

①客室各部件名称。

客室各部件名称如图 4-13 ~ 图 4-15 所示。

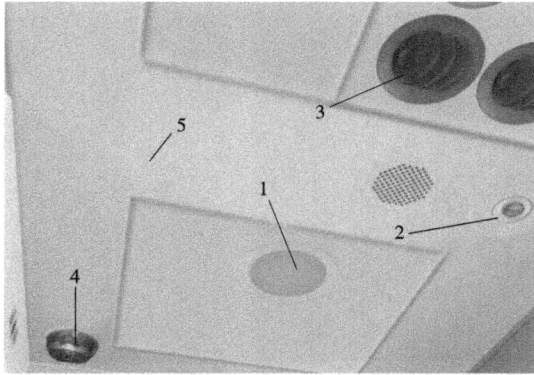

图 4-10 驾驶室顶部各部件

1-照明灯;2-阅读灯;3-空调出风口;4-摄像头;5-驾驶室盖板

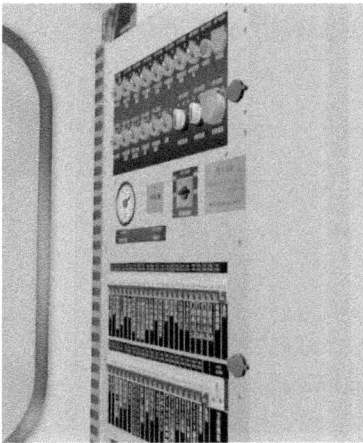

a)继电器柜

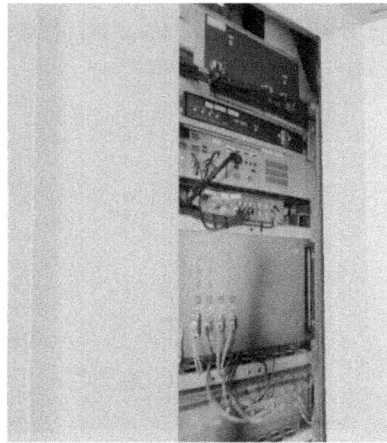

b)设备柜

图 4-11 继电器柜、设备柜

图 4-12 驾驶室通道门

37

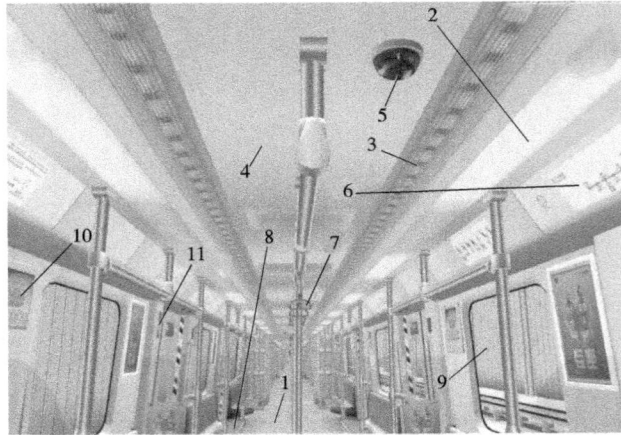

图 4-13　客室设备

1-客室地板;2-灯带;3-空调格栅;4-客室盖板;5-摄像头;6-动态地图;7-拉环、立柱;8-客室座椅;9-侧窗玻璃;10-LED 显示器;11-乘客紧急通话装置

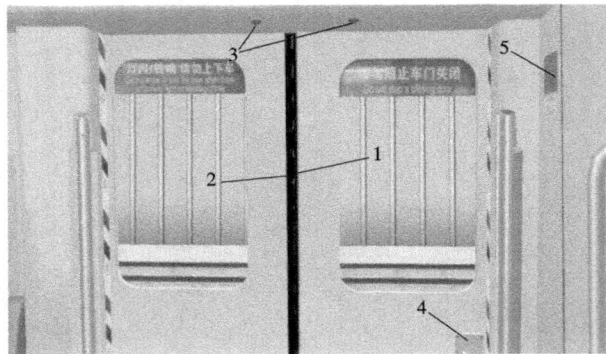

图 4-14　客室车门各部件

1-门扇;2-护指胶条;3-指示灯;4-门隔离装置;5-紧急出口装置

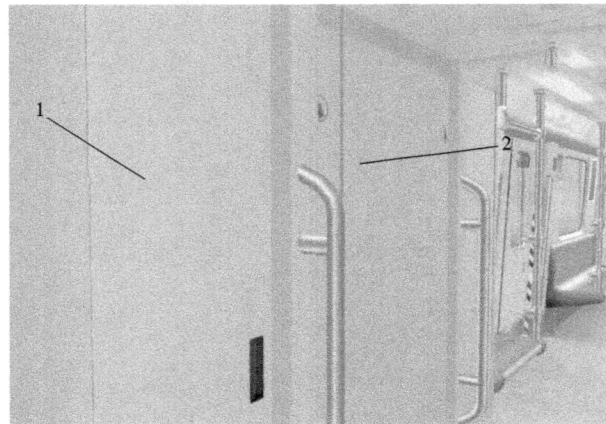

图 4-15　贯通道及设备柜

1-设备柜门；2-贯通道

②客室检查项目及标准。

客室检查项目及标准内容如表4-5~表4-7所示。

3. 检查完毕确认、报告

（1）列车检查结束,应报告并填写电客车状态记录卡。如检查、试验中发现故障或不良处所,应及时报告车辆段调度,按其指示办理。

（2）检查、试验实训结束,应收回并清点所用防护用品、备品,按定置图摆回原位。

（3）做好参加交班会的准备。

4. 实训记录、总结及评定

（1）记录

①学员及时在实训手册上填写列车检查实训目的、实训课题计划及每日实训任务、要求,并领会、熟悉。

②在实训练习过程中,将实训学习、练习的过程、结果及时记载到实训手册中并简要分析。

（2）总结

学员根据实训手册中实训目的、每日实训任务、实训记载进行总结。

（3）评定

教师根据实训情况进行客观评定。

任务二 列车试验

【理论模块】

一、列车试验目的

列车试验是列车在出库投入运行前必须进行的一项作业,主要是检验设备完好性以及各项功能,控制准确性和确认指示灯显示情况等。

列车试验主要测试具体包括:司机控制器联锁关系及操作试验是否正常,各种运行模式下运行及超速防护的自动控制、指示及声光警示、警惕装置作用是否良好;升、降弓正常;制动风源是否正常;各种制动和缓解控制是否正常、准确;客室车门控制、动车控制是否正常;各种电源控制是否正常等。

二、列车试验有关安全规定

（1）确认该驾驶室无禁动牌。

（2）确认列车上方接触网无挂接地棒。

（3）确认客车两侧和地沟内无人员作业。

（4）进行升、降弓及各种制动试验时,应按规定进行呼唤、鸣笛。

三、列车试验程序及要求

1. 一般程序

（1）明确试验项目、内容、步骤。

（2）进行该项目试验前检查准备。

（3）按步骤规范地进行试验操作。

（4）试验操作中及操作后认真确认。

（5）按试验步骤归纳并口述试验结论。

2. 一般要求

（1）试验内容完整，步骤合理，不遗漏、不重复。

（2）用手指、眼看、口呼的方法进行检查试验。

图4-16　电动客车驾驶台设备

（3）某端驾驶室检查试验完毕须换端，进行另一端驾驶室的检查试验。

四、列车主要试验项目

现以某型电动客车为例，列出需要试验的项目，其驾驶台设备如图4-16所示。主要试验项目如表4-8所示。具体试验操作步骤可参见"实训模块"有关内容。

电动客车主要试验项目　　　　　　　　　　　　　表4-8

序号	试 验 项 目	备　注
1	主控制器钥匙开关、方向开关及主控制器手柄之间联锁关系检查试验	
2	指示灯试验	
3	升降受电弓及合、分主断路器试验	
4	启动空气压缩机打风试验	
5	ATP系统测试，ATP超速防护功能检查、试验	
6	各种制动试验：停放制动、常用制动、紧急（快速）制动、紧急停车按钮试验	
7	警惕装置的功能检查试验	
8	各种模式控制试验	
9	客室车门开关门及门/牵引联锁操作试验	
10	牵引动态试验	
11	照明操作试验	
12	空调及应急通风操作试验	
13	无线电台试验	
14	列车广播系统试验	
15	刮水器及喷水操作试验	
16	鸣笛试验	

五、禁止出库的故障范围

检查、试验中发现下列故障之一时，列车严禁出库：

（1）受流器、高速断路器、母线短路器、车间高压电缆等高压设备故障。

（2）VVVF等牵引系统故障。

（3）制动控制装置、单元制动器等制动系统故障。

动车试验

(4)客室车门故障。

(5)列车故障诊断系统(TMS)故障。

(6)通风系统故障。

(7)SIV设备、空气压缩机等辅助系统故障。

(8)车载通信、信号设备(VOBC)故障。

(9)头灯、尾灯、行车灯及电笛故障。

(10)刮水器、喷水设备故障。

(11)《行车组织规则》中规定的其他影响列车运行的故障。

【实训模块】

一、实训准备

(1)建议具备一个单元的真实车辆或车辆模型。

(2)准备试验用的备品和工具。

(3)电客车客室车门。

(4)电客车模拟驾驶设备。

(5)电客车检查、试验运用软件。

(6)电客车检查、试验作业视频、课件。

(7)防护信号及标志。

二、列车试验前的准备

(1)列车两端设置安全防护信号标志。

(2)检查驾驶室控制台,继电器柜及设备柜内开关、按钮、指示灯、显示屏外观及位置正确。

(3)检查蓄电池电压不低于规定值。

(4)将"列车激活"开关置于"合"位。

(5)转动主控制器钥匙开关于接通位,本驾驶室被启动。观察各相关指示灯显示状态是否正常。

三、列车主要试验项目实操练习

以广州三号线新车型为例介绍如下:

1. 指示灯测试

按压指示灯测试按钮,观察驾驶台及两边立柱上各指示灯是否均已点亮。如有未点亮指示灯,则表示该指示灯已损坏。

2. 司机主控制器钥匙开关、方向开关及主控制器手柄之间联锁关系检查试验

主控制器钥匙开关、方向开关及主控制器手柄如图4-17所示。

(1)方向开关置于"0"位,司机主控钥匙开关才能转动;主控钥匙开关置于"接通"位,方向开关才能离开"0"位,选择向前位、"0"位及向后位。方向开关置于向前位或向后位,主控钥匙开关应被锁闭在"接通"位。

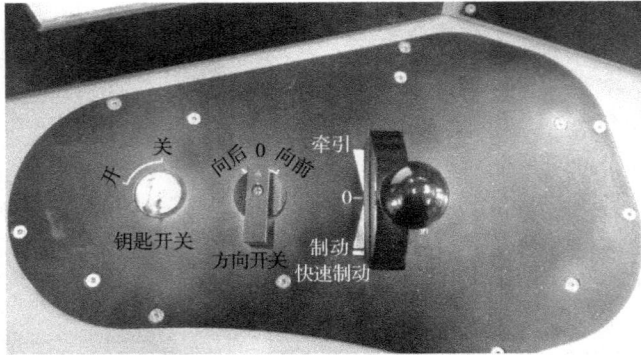

图 4-17 主控制器钥匙开关、方向开关及主控制器

（2）司机主控制器手柄置于"0"位，才能转动方向开关进行向前位、"0"及向后位的选择；方向开关置于向前位或向后位，司机主控制器手柄才能被扳动，离开"0"位至制动区、快速（紧急）制动位、牵引区。

（3）司机主控制器手柄不在"0"位，方向开关被锁闭在向前位或向后位；方向开关置于"0"位，司机主控制器手柄被锁闭在"0"位。

3. 升降受电弓及合、分主断路器试验

（1）继电器柜：列车激活。

（2）钥匙开关：转至"开"位。

（3）将车辆屏切换到"受电弓/高速断路器"界面。

（4）口呼"升弓注意"，鸣笛一长声，按压升弓按钮。

（5）待升弓完毕，确认升弓按钮绿灯亮，车辆屏上线电压显示 1500V，受电弓图标变绿，呈升弓状态，口呼"升弓试验正常"。

（6）按压主断"合"按钮，确认主断"合"按钮绿灯亮，车辆屏上主断图标变绿，呈连接状态，口呼"闭合主断试验正常"。

受电弓及高速断路器按钮及显示状态如图 4-18、图 4-19 所示。

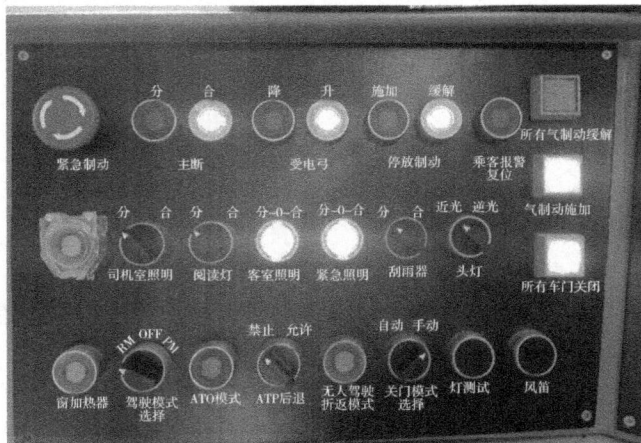

图 4-18 司机主控面板显示

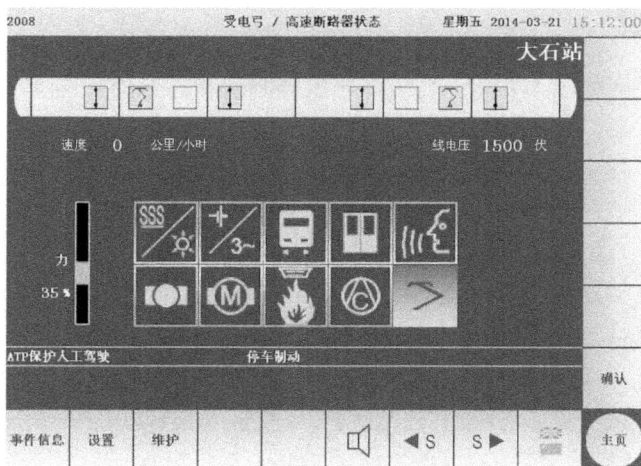

图 4-19　受电弓及高速断路器状态显示

（7）按压主断"分"按钮,确认主断"分"按钮红灯亮,车辆屏上主断图标变白,呈断开状态,口呼"分断主断试验正常"。

（8）口呼"降弓注意",鸣笛一长声,按压降弓按钮。

（9）待降弓完毕,确认降弓按钮红灯亮,车辆屏上线电压变为 0,受电弓图标变白,呈降弓状态,口呼"降弓试验正常"。

（10）口呼"升降受电弓及分、合主断试验正常"。

4. 各种制动试验

进行制动试验时,应按规定呼唤、鸣笛和适时进行相关口述。

（1）常用制动试验

准备:确认方向开关置于"向前"位。

将主控制器手柄置于常用制动区,以施加常用制动,然后将主控制器手柄回置于"惰行"位以缓解常用制动。在执行每一操作步骤时,应检查压力表的显示并通过"主页"中"制动状态"栏检查每一节车的制动情况。

口呼"常用制动试验,制动/缓解正常"。

（2）停放制动试验

①按压"停放制动缓解"按钮,检查确认停放制动"缓解"绿色指示灯亮,"施加"红色指示灯灭,列车停放制动缓解。

②检查确认车辆显示屏制动图标无停放制动标志"P"。

③按压"停放制动施加"按钮,检查确认"停放制动施加"红色指示灯亮,"停放制动缓解"绿色指示灯灭,列车停放制动施加。

④检查确认车辆显示屏制动图标有停放制动标志"P"。

⑤按压"停放制动缓解"按钮,保持停放制动缓解状态,按压"停放制动缓解"按钮,缓解停放制动通过"主页"中"制动状态"栏检查每一节车的制动情况,如图 4-20 所示。

口呼"停放制动试验,缓解/制动正常"。

（3）快速制动试验

将主控手柄置于快速制动位，观察 HMI 屏幕上制动力是否达到 100%，是否出现"快速制动"字样。主控手柄如图 4-17 所示，司机显示屏制动状态界面如图 4-20 所示。

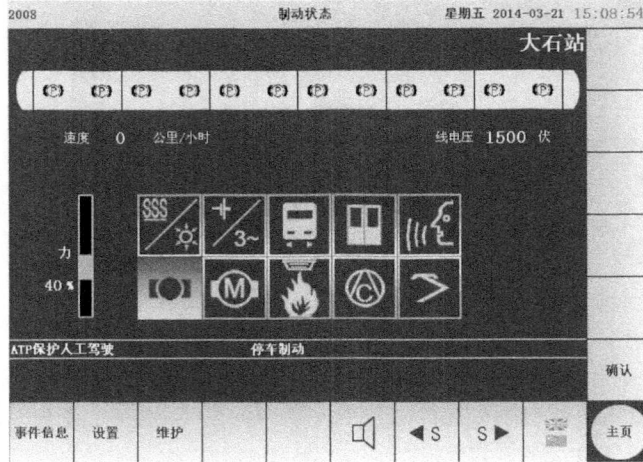

图 4-20　司机显示屏制动状态界面

（4）紧急制动（紧急制动按钮）试验

紧急制动按钮如图 4-18 所示，主风缸压力变化如图 4-21 所示。

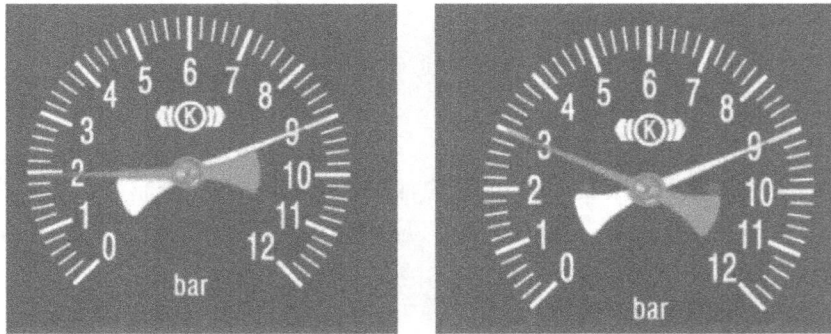

图 4-21　双针压力表主风缸压力变化

①将驾驶模式置 RM 模式，手指口呼，并将"驾驶模式选择开关"置"RM"位。检查"气压表"，确认制动缸压力约 2bar，眼看、手指、口呼"制动缸压力 2bar"。

②按下司机操纵台左（右）侧"紧急制动"按钮。检查"气压表"，确认制动缸压力约 3bar，眼看、手指、口呼"制动缸压力 3bar"。

③按压受电弓"升"按钮。检查确认受电弓未升起，眼看、手指车辆显示屏受电弓图标，口呼"受电弓未升起"。

④恢复司机操纵台左（右）侧"紧急制动"按钮。

上述四项试验，如果有任何一项不正常，则严禁列车出库。

5. 客室车门开、关门及门/牵引联锁操作试验

进行客室车门开、关门及门/牵引联锁功能试验时,应按规定鸣笛、呼唤和适时进行相关口呼。

(1)启动列车驾驶台,按下左(右)侧门红色开门按钮,确认全列左(右)侧车门开启及"车门状态"界面显示正确。"所有车门关闭"指示灯绿灯灭。

开关门按钮如图4-9所示,司机显示屏车门状态界面如图4-22所示。

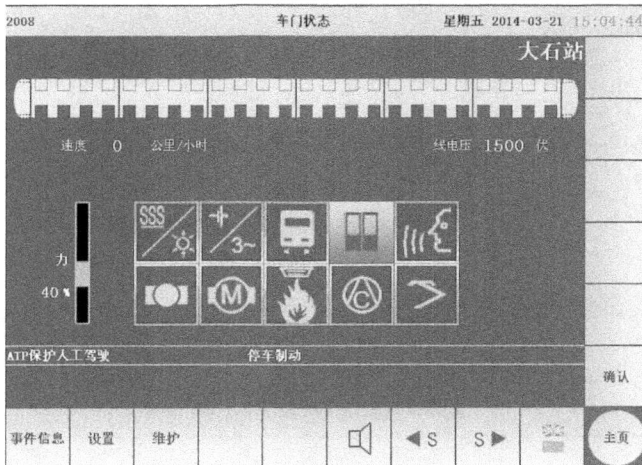

图4-22　司机显示屏车门状态界面

(2)将主控制器手柄由常用制动区移至牵引区,此时由于车门处于开启状态,列车应不会移动,然后将主控制器手柄移至常用制动区。

(3)按下左(右)绿色关门按钮,确认全列车左(右)侧车门关闭及"车门状态"界面显示正确。"所有车门关闭"指示灯绿灯亮。

(4)将主控制器手柄移至小牵引区,列车应向前移动。列车刚动,马上将主控手柄拉回常用制动区,将列车停稳。

(5)开启全列车左(右)侧车门,在按下左(右)绿色关门按钮,确认全列左(右)侧车门关闭前,及时按下左(右)门再开闭按钮。确认左(右)侧所有车门重新开起一次并自动关闭。

6. 警惕按钮功能测试

(1)按压几下警惕按钮,确认警惕按钮无卡滞现象。

(2)松开警惕按钮,将主控手柄推向牵引区最小位。检查确认车辆显示屏出现"牵引封锁/无人警惕"字样,如图4-23所示。

(3)将主控手柄拉回"0"位。检查确认车辆显示屏"牵引封锁/无人警惕"字样消失。

本端驾驶室试验完毕,须换端,到另一驾驶室重复进行以上功能试验。

四、试验结束确认、恢复

(1)检查、试验中使用的各开关、按钮、手柄应恢复定位。

(2)收回并清点所用防护用品、备品,按定置图摆回原位。

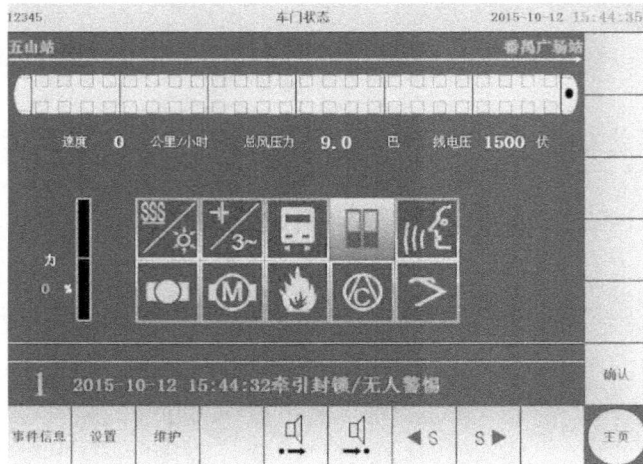

图 4-23 车辆屏显示"牵引封锁/无人警惕"字样

五、列车检查、试验作业考核表

列车检查、试验作业考核表如表 4-9 所示。

列车检查、试验作业考核表 表 4-9

项目及配分	考核内容	评 分 标 准	扣分	实得分	备注
安全 (20 分)	着装	按规定着装,缺一项扣 5 分,不规范酌情扣分			
	防护标志	禁动标志漏检扣 20 分,漏呼扣 10 分; 未设好防护信号或标志开始检查作业失格			
	设备	损坏设备失格,违章使用设备酌情扣分			
	鸣笛呼唤	升弓、制动试验前未按规定呼唤,一次扣 5 分; 未按规定鸣笛,一次扣 10 分			
	其他	违反其他有关安全规定,酌情扣分			
时间 (10 分)	作业时间	作业限定为 30min; 超时 3min 以内,每分钟扣 5 分; 超时 3min 以上,每分钟扣 10 分; 超时满 5min,失格			
操作步骤 及技能 (60 分)	程序方法 (15 分)	(1)程序正确、顺序不乱,不漏、不错; 有错误一次扣 1~5 分,漏一项扣 3~5 分; (2)二人配合协调,配合失当扣 3~5 分; (3)作业练习不规范,酌情扣分			
	姿势动作 (10 分)	姿势动作不熟练,一次扣 3~5 分; 不规范,酌情扣分			
	手指口呼 (10 分)	用语规范、简明、声音清晰、洪亮;时机准确、不漏、不错,漏 一项扣 3~5 分,不规范酌情扣分			

续上表

项目及配分	考核内容	评 分 标 准	扣分	实得分	备注
操作步骤 及技能 (60分)	试验 (10分)	功能试验正确、规范; 有错误一次扣3~5分,不规范酌情扣分			
	故障假设 (10分)	漏检一处扣5分; 漏检五处及以上失格			
	表报填写 (5分)	填写正确、及时,不正确、不认真扣3~5分; 填写不及时、不规范酌情扣分			
恢复设备 (5分)	清点恢复	收回并清点所用防护用品、备品,缺一项扣5分; 按定置图摆回原位,未恢复,缺一项扣5分			
交班会 (5分)	交班会 手册	不按时参加扣5分; 手册填写不及时扣3~5分			
考核成绩					

六、实训记录、总结及评定

1. 记录

(1)学员及时在实训手册上填写列车试验实训目的、实训课题计划及每日实训任务、要求,并领会、熟悉。

(2)在实训练习过程中,将实训学习、练习的过程、结果及时记载到实训手册中,并简要分析。

2. 总结

学员根据实训手册中实训目的、每日实训任务、实训记载进行总结。

3. 评定

教师根据考核进行客观评定。

任务三 出 场 作 业

【理论模块】

一、概念

列车整备完毕后,司机与信号楼联系,按指示及规定时间,确认出库(调车)信号出库,在车场内凭地面信号机显示的进行信号限速运行至转换轨,转为自动控制模式,在出场信号开放后,凭收到的速度码起动列车到始发站站台(自动模式没有转换成功时,凭行调命令起动列车到始发站站台)的过程称为列车出场。

二、车辆段(车场)行车设备

1. 车库

车辆段(车场)内主要设有列检库、各种修程检修库、自动洗车库、静调库、工程车库等。

列检库是运用列车回库进行日检、整备作业及出场动车出发地。主要设有检车股道、检车台(检车架)、信号机、车挡、供电等有关配套设备。列检库部分设备参见图 4-24。

a)   b)

图 4-24　列检库设备示意图

2. 线路

车辆段(车场)内主要设有列检线、检修线、转换轨、停车线、洗车线、试车线、调试线、牵出线、联络线、走行线、装卸线等。

其中,转换轨设于车场与正线间联络线的分界点、出场信号机与入场信号机之间。在 ATC 模式下,列车在转换区实现车场与正线信号系统的转换。如图 4-25 所示。

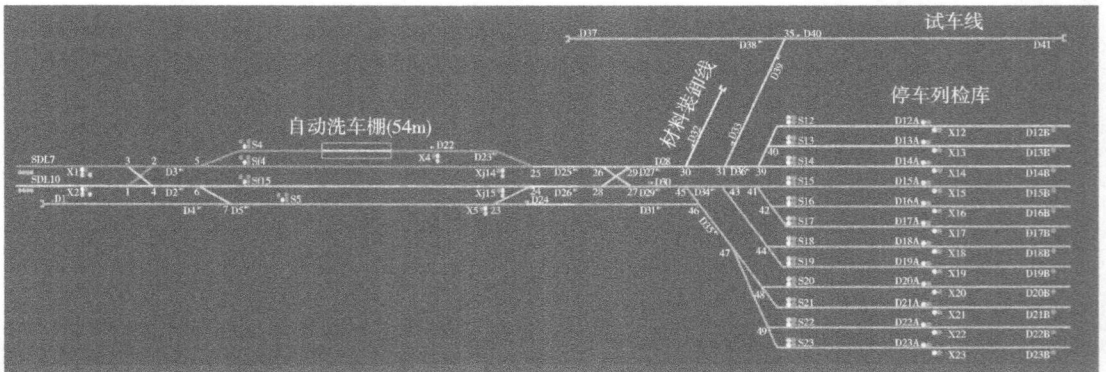

图 4-25　车辆段(车场)行车设备平面布置图

3. 道岔

车场内设置道岔若干组,起连接、转线作用。

4. 信号机

车辆段(车场)内主要设有以下信号机:

(1)出场信号机:是车场与正线间联络线的分界点,指示列车可否出场上正线。

(2)入场信号机:指示列车可否越过该信号机下线进入车场。

(3)出、入库兼调车信号机:指示机车、车辆及列车可否进行出、入库及调车。

(4)调车信号机:指示机车、车辆及车列可否越过该信号机进行调车、转线。

车辆段(车场)行车设备具体配置如图4-25所示。

三、车场信号机的显示

以某一实际车场信号机为例,显示方式及显示意义参见表4-10。

出入场信号机、出库信号机、调车信号机显示方式及显示意义　　　　　表4-10

	(一)出库信号机		
序号	信号显示方式	指示的行车条件	备注
1	一个绿色灯光	允许列车出库运行至次一信号机	
2	一个红色灯光	禁止列车及调车越过该信号机	出库兼调车
3	一个月白色灯光	允许越过该信号机调车	特殊情况下锁闭进路出场
	(二)出场信号机		
序号	信号显示方式	指示的行车条件	备注
1	一个黄色灯光	允许列车越过该信号机进入正线	
2	一个红色灯光	禁止列车越过该信号机	
3	一个月白色灯光	允许越过该信号机调车	特殊情况下锁闭进路出场
4	一个蓝色灯光	系统处于自动(ATC)控制模式	
	(三)入场信号机		
序号	信号显示方式	指示的行车条件	备注
1	两个黄色灯光	允许越过该信号机进入车场	
2	一个红/一个月白色灯光	引导方式进入车场	红/月白灯位间设空灯位
3	一个红色灯光	禁止越过该信号机	
4	一个月白色灯光	允许越过该信号机调车	特殊情况下锁闭入场进路
	(四)调车信号机		
序号	信号显示方式	指示的行车条件	备注
1	一个蓝(红)色灯光	禁止机车车辆越过该信号机调车	
2	一个月白色灯光	允许机车车辆越过该信号机调车	

四、出库、出场行车规定

(1)列车整备完毕,司机确认列车状态符合正线服务要求,在报单上填写出库公里数和出库时间、列车号、股道号等项目。主动报告信号楼,列车整备完毕,报告及联系、联控标准用语参见表4-12。

(2)确认出库信号开放后,选择规定模式,确认信号正确、库门的开启及线路状况良好后,执行手比口呼确认制度,鸣笛动车。呼唤应答用语参见表4-11。

电客车出库线路、库门及信号机如图4-26所示。

（3）库内动车时以5km/h的速度运行,待全列车出库后按照规定速度运行。

（4）库门前、平交道口、一度停车牌前均应一度停车。

（5）出库列车进入转换轨后,在出场信号机前停车,转换列车控制模式及确认车载台归属,用车载台联系行调(汇报车次,当前信号模式),听从行调指令,确认出场信号开放后动车至始发站站台。转换轨(区)停车标及操作提示语显示牌见图4-27。

（6）在非正常情况下,按电话联系法行车。

图4-26　电客车出库线路、库门及信号机示意图

图4-27　转换区停车标及操作提示语显示牌

五、车场(车库)内呼唤应答用语

车场(车库)内呼唤应答用语见表4-11。

列车出场作业过程

车场(车库)内呼唤应答用语　　　　　　　　　　　表4-11

序号	呼唤时机及用语	应 答 用 语	备 注
1	整备完了,人员到岗:出场(库)准备	出场(库)准备好了	认真确认车上、车下、地沟无人,驾驶室人员齐全
2	升(降)弓前:升(降)弓	升(降)弓注意 升(降)弓好了	鸣笛(呼唤)、操作、确认
3	动车前或接近道岔前:道岔注意	道岔开通直向好了 道岔开通侧向好了 停车!	确认道岔位置正确;道岔位置不正确时,立即停车
4	库门前、平交道口前 一度停车牌前 3km/h、5km/h限速牌前 出场信号机前	一度停车, 停车!	列车必须在库门前,平交道口前,一度停车牌前,3km/h、5km/h限速牌前,出场信号机前一度停车
5	库门前、平交道口停车后	库门好了 道口好了	确认库门开启位置正确并固定

续上表

序号	呼唤时机及用语	应答用语	备注
6	列车（调车）接近道岔区时：确认进路	进路好了 停车！	进路、道岔位置不正确时，立即停车
7	列车接近调车信号机时：调车信号 手信号	白灯好了； 蓝灯（红灯）停车！ 手信号好了	列车必须在蓝（红）灯前停车
8	调车接近挂车线警冲标前：防护信号	防护信号注意！注意； 撤除好了，好了	
9	调车接近被挂车辆或向尽头线、车挡停靠	三车、两车、一车， 停车再挂（停车）！	
10	列车（调车）进入尽头线	尽头线注意； 严守速度，注意安全 停车！	控制好速度，距车挡10m停车
11	制动试验：试风注意	制动，制动； 缓解，缓解； 试风好了，试风好了	
12	列车接近出（入）场信号机时：进（出）场信号	进（入）场信号好了； 引导信号好了； 红灯停车！	列车必须在红灯前停车
13	入库库门前：库门注意	库门好了 红灯亮	确认库门开启位置正确，接触网有电

注：1. 要求司机严格按此标准执行，不准少呼、漏呼、简化作业。
　　2. 驾驶室有2人及以上时，采用呼唤—应答—复诵的方式进行呼唤应答。

六、出、入场作业司机与信号楼、控制中心联系、联控用语

司机与车场信号楼、行车调度联系、联控用语见表4-12。

司机与车场信号楼、行车调度联系、联控用语　　　　　表4-12

序号	联系时机	司机联控用语	信号楼或调度中心联控用语	备注
1	列车整备完毕	2. 司机：××道××列车整备（准备）完毕	1. 信号楼：××道××列车是否整（准）备完毕； 3. 信号楼：好的	司机整备完毕，应主动联系信号楼
2	列车准备出库	2. 司机：××道至××转换轨的进路准备好了，看信号动车，司机明白	1. 信号楼：××列车司机，××道至××转换轨的进路准备好了，看信号动车	例：段西转换轨 西口转换轨
3	列车出场停至转换轨	1. 司机：××列车在××转换轨等待自检； 3. 司机：××列车看信号动车至××站上/下行××站台投入运营，司机明白	2. 中心：××列车自检完毕后看信号动车至××站上/下行×站台投入运营	转换模式后正在自检中

序号	联系时机	司机联控用语	信号楼或调度中心联控用语	备 注
4	下线空车停于××站××处	1. 司机：××列车在××站外(或×处)停稳； 3. 司机：××列车看信号动车至××转换轨，司机明白	2. 中心：××列车看信号动车至××转换轨	
5	列车入场停至转换轨	1. 司机：××列车在××转换轨走完目标距离； 3. 司机：××列车转×模式，与信号楼联系，司机明白	2. 中心：××列车在××转换轨转××模式，与信号楼联系	不能占用后面进路
6	列车停在转换轨准备入场(库)	1. 司机：××列车呼叫信号楼，××列车在××转换轨已停稳； 3. 司机：××列车看信号动车进××库××道×端停车。司机明白	2. 信号楼：××列车看信号动车进××库××道×端停车	确认库门开启位置正确，并固定； A/B端

【实训模块】

一、实训准备

(1)具备模拟驾驶设备。

(2)具备从车库到正线的模拟驾驶视景。

(3)具备行车调度控制台和车场调度控制台，并设立车场调度员和行车调度员虚拟岗位。

(4)具备地铁行车沙盘设备。

二、列车出库操作练习

(1)列车整备完毕后，司机到达出场端驾驶室，再次确认客室照明处于"开"位，报告信号楼"××道×端××列车整备作业完毕"。待信号楼回复后，等待信号楼动车指令；若到达规定时间尚未指示动车，司机应主动联系信号楼。

(2)若电客车停在非A端，整备完毕后，司机呼"信号楼，××道×端××列车整备作业完毕，请求××道×端至A端调车进路"，信号楼"××道×端××列车，××道×端至A端进路好，司机确认信号动车"，司机复诵后，开侧窗/门确认两侧无人无异物，呼唤"动车啦"，手指口呼确认"白灯好了、道口好了"，以RM模式限速5km/h鸣笛动车至A端对标停车，向信号楼请求出库进路，在出库端待令。

(3)收到信号楼动车指令"××道×端××列车，××道至转换轨××道进路好，司机看信号动车"。司机复诵后，下车确认两侧无人无异物，库门开启到位，呼唤"动车啦"，手指口呼确认"绿灯好了、库门好了、道口好了"。以RM模式限速5km/h鸣笛动车，如图4-28所示。

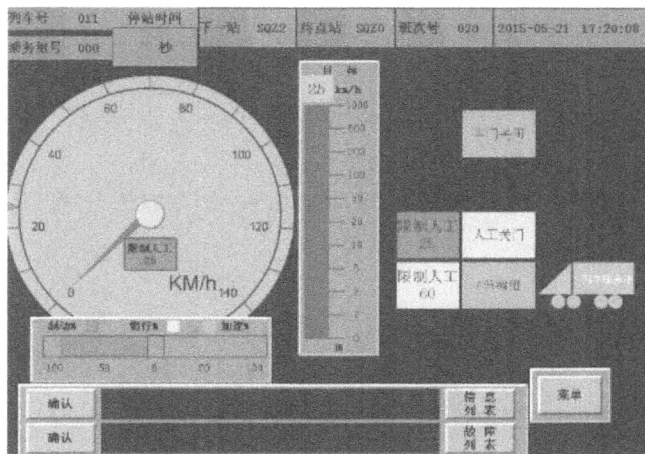

图 4-28　ATC 显示屏(RM 模式)

(4)当驾驶室侧窗越过库门后一度停车,手指口呼确认"道口好了、绿灯好了",如图 4-29 所示,再次鸣笛动车。列车尾部出清库门(按列车头部线路标记或查看驾驶室 CCTV 显示的后端驾驶室的位置)方可加速,车场内限速 20km/h 运行。

图 4-29　出库信号、平交道口

三、列车出场操作练习

(1)车场内运行,司机须逐架依次确认信号机显示及道岔开通位置,并手指口呼 × 灯好了、道岔好了,如图 4-30 所示,至转换轨一度停车牌前停车,如图 4-31 所示。

图 4-30　车场内道岔

图 4-31　转换轨一度停车牌、信号机

(2)确认车载台处于行车调度组,将手持台调至正线组,将模式选择开关置于 PM 位,确认 HMI 屏实际驾驶模式已升至"保护人工"及车次、目的码正确,确认空调温度。

(3)使用车载台联系 OCC 行调" × × 列车已在转换轨 × × 道停稳,当前驾驶模式为 PM",按 OCC 行调指示,手指口呼确认"绿灯好了,推荐速度 × ×",手动驾驶运行至 × × 站投入载客服务。

四、实训记录、总结及评定

1.记录

(1)学员及时在实训手册上填写出场作业实训目的、实训课题计划及每日实训任务、要求,并领会、熟悉。

(2)在实训练习过程中,将实训学习、练习的过程、结果及时记载到实训手册中,并简要分析。

2.总结

学员根据实训手册中实训目的、每日实训任务、实训记载进行总结。

3.评定

教师根据实训演练情况及综合考核进行客观评定。

任务四　入　场　作　业

【理论模块】

一、概念

列车完成正线运营任务后,司机按行调指令,确认地面信号机开放后限速运行至转换轨停车,与行调联系,转为手动控制模式,与信号楼联系,在入场信号开放后,移动列车入场至库内的过程称为列车入场(库)。

二、入场、入库行车规定

(1)列车下线前,司机应确认车站站务员清客完毕,按行调指令,对出站信号机或道岔防护信号机、前方进路进行手指呼唤确认后,以 ATPM 或 ATO 模式起动列车运行至转换轨"一度停车"牌前停车。

(2)一度停车后,与行调联系,按行调指令,转为手动控制模式,与信号楼联系。

(3)确认驾驶模式正确后,确认列车无线车载台归属转为车辆段,并与信号楼调度员进行要道还道,确认车次、车号及停车股道,并进行复诵确认。

图 4-32　车场内限速牌

(4)对入场信号机进行手指呼唤确认开放后,起动列车。

(5)列车在车场内行驶时,司机应认真确认进路中每架信号机显示开放信号及每个道岔的开通位置正确,并进行相应的呼唤应答。

(6)列车运行中,司机应做到瞭望不间断,接近平交道口或有人员在前方线路旁行走时,应鸣笛警示并适当减速,严守车场内限速规定。车场内限速牌如图 4-32 所示。

(7)列车在停车库前平交道口处应一度停车,司机下车对库门、股道送电、无人员及异物侵入限界进行手指呼唤并鸣笛后,驾驶列车进入车库。

(8)列车进库时,限速为5km/h,在接近停车位置时,司机应控制好速度,按规定停车点停车。

列车入场作业过程

(9)非正常情况下,按电话联系法行车。

【实训模块】

一、实训准备

(1)具备模拟驾驶设备。

(2)具备从正线到车库的模拟驾驶视景。

(3)具备行车调度控制台和车场调度控制台,并设立车场调度和行车调度员虚拟岗位。

(4)具备地铁行车沙盘设备。

二、列车入场操作练习

(1)入场列车在终点站开门后,清客广播两遍。关客室照明,在站台立岗,确认车站人员清客"好了"信号后关门。打开通道门进入客室,手指口呼确认"清客完毕",如图4-33所示。下线空车确认信号以规定模式动车至××站外(或×处)后联系OCC中心"××列车在××站外(或×处)停稳",待中心回复"××列车看信号动车至××转换轨"后,司机复诵,凭信号动车,运行至转换轨。

(2)进入转换轨区域注意控制速度,在转换轨信号机前一度停车,联系OCC中心"××列车已在××转换轨走完目标距离",待OCC中心回复"××列车在××转换轨转RM模式,与信号楼联系",司机复诵后联系信号楼"××列车呼叫信号楼,××列车在××转换轨已停稳",信号楼准备好进路后回复"××列车看信号动车进××库××道×端停车"。

(3)司机收到信号楼动车指令并复诵,手指口呼确认信号"黄灯好(×灯好)",以RM模式限速20km/h,鸣笛动车入场,一路注意确认信号、道岔,如图4-34所示。

图4-33　确认清客

图4-34　入场道岔、信号

（4）运行至平交道口处减速并加强瞭望，手指口呼"道口好了"，到达指定股道库门一度停车牌前停车。

三、列车入库操作练习

（1）列车运行至指定股道的库门一度停车牌前停车，下车确认库门开启到位，手指口呼确认"××道股道正确、库门好了、道口好了"，鸣笛，限速5km/h动车入库，如图4-35所示。

图4-35　列车限速入库

（2）驾驶室侧窗越过库门后一度停车，手指口呼确认"道口好了"，再次鸣笛动车。

（3）若列车停于A端或周月检库时，严格执行停车标前10m一度停车，手指口呼"红灯停车"，限速3km/h对标停车。

（4）若列车停于B端时，司机运行至A端停稳后，手指口呼确认"白灯好了、道口好了"，鸣笛继续运行至停车标前10m处一度停车，手指口呼"红灯停车"，限速3km/h对标停车。

（5）库内停稳后，在列车状态卡上抄录公里数、入库车次、时间及值乘司机。TC2端（入库端）关空调、头灯、客室灯，施加停放制动，主控手柄置于"0"位，方向开关置于"0"位，钥匙开关置于"0"位并取下。将HSCB置于"分"位。至TC1端（出场端）记录列车故障，将列车激活开关置于"分"位。报告信号楼"××次××车已在××道停稳，防溜措施已施加"，带齐备品，锁好车门下车。

四、考核

考核内容参见表4-13。

出、入车场作业实训考核内容　　　　　　　　　　　　　表4-13

项目及配分	考核内容	评分标准	扣分	实得分	备注
安全 （10分）	着装	按规定着装，缺一项扣5分，不规范酌情扣分			
	禁动标志	禁动标志漏检、漏呼扣10分，漏呼检查作业扣20分，操作动车失格			
	设备	损坏设备失格，违章使用设备酌情扣分			
驾驶作风 （10分）	身姿动作	坐、立身姿挺拔，精神状态良好； 操作姿势、手比动作规范，不规范酌情扣分			
呼唤应答 （10分）	手指口呼	用语规范、简明、声音清晰、洪亮；时机准确、不漏、不错。 漏一项扣5分，不规范酌情扣分			
整备 （10分）	检查准备	按项目、程序检查试验，漏一项扣5分 人员到齐，准备遥控器，升弓			
操作步骤及技能（40分，每项各5分）	动车确认	出库信号、库门、平交道、道岔，按规定鸣笛			
	进路确认	不确认进路、道岔失格 不会确认道岔酌情扣分			

项目及配分	考核内容	评　分　标　准	扣分	实得分	备注
操作步骤及技能(40分,每项各5分)	速度控制	遥控器正确使用,时机控制不当酌情扣分; 错用加速键失格			
	出场入场信号	停车太近,酌情扣分; 未停车,过(闯)信号,失格; 不识引导信号,扣5~10分			
	进站停车	进站注意,未注意进路、限界等,酌情扣分; 对标停车,未停在站台内,扣5~10分			
	规范操作	操纵不规范、不平稳,酌情扣分; 不按规定鸣笛,一次扣5分; 野蛮操作,一次扣5~10分			
	站台作业	站内作业超过30s,扣10分; 开、关门不规范,酌情扣分; 未开、关门开车,失格			
	入库作业	严守速度、距车挡留有安全距离; 车停太近酌情扣分;撞车挡失格			
故障假设(10分)	正确及时处理	未及时发现故障假设,扣5分; 未发现,影响开车,扣10分; 未发现,造成冲突或脱轨,失格; 发现故障假设,未正确及时处理,酌情扣分			
设备恢复(10分)	归位	使用教具逐项、有序摆放归位; 不规范酌情扣分;缺一项,扣5分			
考核成绩					

五、实训记录、总结及评定

1. 记录

(1)学员及时在实训手册上填写入场(库)实训目的、实训课题计划及每日实训任务、要求,并领会、熟悉。

(2)在实训练习过程中,将实训学习、练习的过程、结果及时记载到实训手册中,并简要分析。

2. 总结

学员根据实训手册中实训目的、每日实训任务、实训记载进行总结。

3. 评定

教师根据考核进行客观评定。

复习与思考

1. 列车检查目的是什么？

2. 列车检查作业基本顺序是如何规定的？

3. 列车检查作业过程中，对司机的基本要求是什么？

4. 司机在列检库到达规定股道后，检查作业前先进行哪"四确认"？

5. 列车检查作业必须注意人身安全的规定主要有哪些？

6. 通过列车检查作业实习，你是否能按检查标准对列车走行部、驾驶室、客室设备进行检查？

7. 列车试验的主要目的是什么？

8. 通过实习，你是否能按标准要求进行列车试验？你所运用的车型主要试验项目有哪些？

9. 如何进行列车常用制动试验？

10. 如何进行紧急停车按钮试验？

11. 如何检查、试验警惕装置的控制功能？

12. 如何进行列车客室车门开、关门及"门/牵引"联锁操作试验？

13. 通过对列车进行标准化检查、试验作业，发现了哪些故障或非正常现象？

14. 在实习或模拟驾驶实训中，列车因超速而触发紧急制动后，如何正确操作才能恢复运行？

15. 简述出库、出场行车规定。

16. 简述入场、入库行车规定。

17. 在出、入场作业实习中，是否能按要求认真执行与信号楼、控制中心联系和联控制度？

18. 通过出、入场作业模拟操作练习，是否能按标准化要求进行信号、进路、道岔的确认并严格控制好列车速度，规范地进行出、入场模拟驾驶实操作业？

项目五　正线驾驶作业

【学习目的】

1. 能看懂地铁运营车辆段/车场日出车计划,理解其含义。
2. 熟悉行车线路、信号等有关技术设备设置及作用。
3. 了解各种行车模式的控制原理、熟悉操作方法及使用时机。
4. 掌握车载、地面、书面行车凭证确认方法并准确无误执行。
5. 掌握车载信号、地面信号、信号标志等设置、显示方式及含义。
6. 能看懂列车操纵示意图,并参照操纵图,正确规范操纵列车平稳、正点运行。
7. 经反复练习,能熟练进行列车正线运行操作、站台作业、广播设置等操作。
8. 实行标准化操作训练,达到操作姿势正确、呼唤应答用语及手比动作规范的标准化作业技能。

任务一　巡　道　作　业

【理论模块】

巡道(也称轧道)作业,是每日城轨列车开班运营前,使用空客车对运营线路等行车设备进行检查、试验性运行,以便及时检验行车各项设备性能,及时发现和解决非正常因素,确保全线有关车站首班列车及后续各次列车按列车计划运行图正点、安全运行。

一、巡道(轨道)检查的主要技术设备

1. 线路设备
①正线线路、道岔设备。②联络线、折返线有关设备。

2. 车站设备
①车站屏蔽门或安全门。②站台、停车标。车站、线路设备布置如图 5-1 所示。

3. 信号设备
①信息自动控制功能。②各种信号机、信号牌。③各种信号标志、信号表示器。

4. 供电设备
①供电接触网/第三轨设备。②供电设备各种标志。

5. 限界
①轨行区有无异物。②有无建筑物侵入限界。③区间行车设备柜柜门正常。

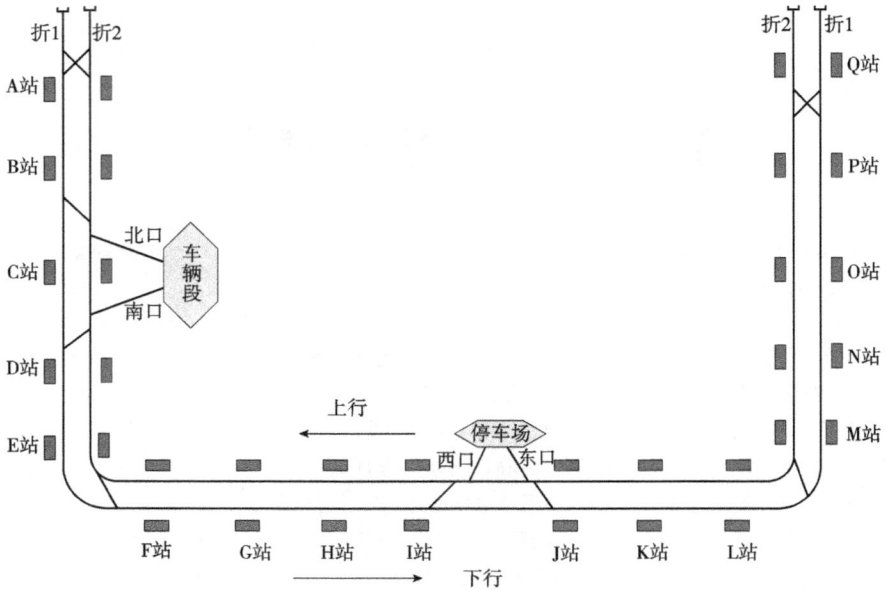

图 5-1　车站、正线、辅助线设备布置示意图

二、巡道及首班车计划

巡道及首班车计划参见日出车计划表中有关内容。需对照图 5-1,进行巡道及首班车计划具体内容的阅看。

1. 停车场日出车计划

停车场日出车计划如表 5-1 所示。

停车场日出车计划表　　　　　　　　　　表 5-1

序号	出场时间	司机	车次	开点	运 行 径 路	备　　注
1	5:00			6:00	停车场西口→I 站下行站台→Q 站下行站台→折 1→O 站下行站台	停车场西口→I 站下行站台→Q 站下行站台→折 1 轨道O 站下行站台开首班车
2	5:10			6:00	停车场西口→I 站上行站台→Q 站上行站台→折 2→Q 站上行站台	停车场西口→I 站上行站台→Q 站上行站台→折 2 轨道Q 站上行站台开首班车
3	5:20			6:00	停车场西口→I 站下行站台→L 站下行站台	L 站下行站台开首班车
4	5:30			6:00	停车场西口→I 站上行站台→N 站上行站台	N 站上行站台开首班车
5	5:40			6:00	停车场西口→I 站上行站台→H 站上行站台→K 站上行站台	I 站上行站台→H 站上行站台轨道K 站上行站台开首班车

2. 车辆段日出车计划

车辆段日出车计划如表 5-2 所示。

车辆段日出车计划表

表 5-2

序号	出场时间	司机	车次	开点	运 行 径 路	备 注
1	5:00			6:00	车辆段南口→D 站上行站台→A 站上行站台→折 2→A 站下行站台→折 1→D 站下行站台	车辆段南口→A 站上行站台→折 2→A 站下行站台→折 1→D 站下行站台轧道 D 站下行站台开首班车
2	5:10			6:00	车辆段南口→D 站下行站台→I 站下行站台→H 站下行站台	车辆段南口→I 站下行站台轧道 H 站下行站台开首班车
3	5:20			6:00	车辆段南口→D 站上行站台→H 站上行站台→G 站上行站台	车辆段南口→H 站上行站台轧道 G 站上行站台开首班车
4	5:20			6:00	车辆段北口→A 站上行站台→A 站下行站台	车辆段北口联络线轧道 A 站下行站台开首班车
5	5:30			6:00	车辆段南口→D 站上行站台→C 站上行站台	C 站上行站台开首班车

三、巡道行车组织

（1）由行调下达巡道及首班车计划。

（2）行调排定巡道行车运行经路及速度码起止范围。

（3）在转换轨，行调向司机布置巡道作业具体运行经路、任务、行车办法。

（4）有关列车按巡道计划进行巡道作业，按列车计划运行图，提前到达首发站上／下行站台，做好站台作业及列车首发准备。

（5）有关车站做好首班车行车组织、客运组织工作。

【实训模块】

一、实训准备

（1）具备模拟驾驶设备。

（2）具备地铁运用沙盘设备。

（3）对讲机通信设备。

二、列车巡道作业模拟操作练习

（1）识认车辆段（停车场）出车计划中的巡道及首班车计划练习，能看懂；明确运行经路、行车办法及首班车行车计划练习。

（2）熟悉乘务区段车站、线路、车辆段、停车场等设备布置图练习。

（3）准时出车辆段／停车场，在转换轨接受行车调度关于巡道作业具体运行经路、任务、作业要点练习。

(4)巡道作业中保持与行调、车站的联系,发现非正常因素及时报告练习。

(5)巡道作业中运行线路、道岔、进路、车站、站台、限界、接触网/第三轨等设备的瞭望、确认练习。

(6)驾驶模式转换、换端操作、限速运行等操作练习。

三、实训记录、总结及评定

1.记录

(1)学员及时在实训手册上填写巡道作业实训目的及每日实训任务、要求,并领会、熟悉。

(2)在实训练习过程中,将实训学习、练习的过程、结果及时记载到实训手册中,并简要分析。

2.总结

学员根据实训手册中实训目的、每日实训任务、实训记载进行总结。

3.评定

教师根据实训情况进行客观评定。

任务二　区　间　运　行

【理论模块】

一、行车技术设备

1.限界

(1)定义

为了确保行车安全,防止运行的车辆与沿线行车设备、建筑物之间发生剐蹭而对机车、车辆和接近线路的建筑物、行车设备所规定的不允许超越的横断面轮廓尺寸线称为限界。

(2)限界分类

限界主要分为机车车辆限界、设备限界及建筑限界。

①机车车辆限界:是指与线路中心线垂直的横断面的最大尺寸轮廓界限。新造及运用中的机车、车辆和电客车,无论新车、旧车,空、重状态,均不得超出机车、车辆限界。

②设备限界:是指与线路中心线垂直的横断面的一条轮廓尺寸界限。沿线所有固定设备以及土木工程的任何部分都不得侵入此轮廓界限内。设备限界是保证城市轨道交通列车等移动设备在运营过程中的安全空间所需要的横断面最小尺寸限界。

③建筑限界:是指在行车隧道和高架桥等建筑物的横断面最小尺寸轮廓界限基础上,再考虑施工误差、结构变形等因素,为满足固定设备和管线安装需要而必需的尺寸轮廓限界。

换言之,建筑限界以内、设备限界以外的空间主要是为各类误差、设备结构变形和有关管线安装所预留的空间。

(3)限界主要尺寸

①区间隧道,车站站台轨旁设备及机车、车辆和电客车限界尺寸如图5-2所示。

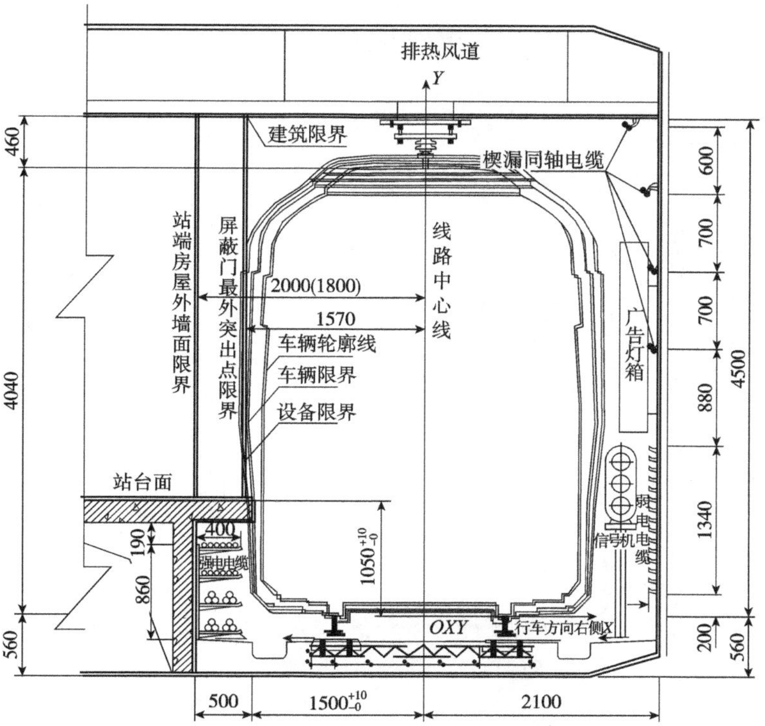

图 5-2　区间隧道,车站站台轨旁设备及机车、车辆和电客车限界尺寸图(尺寸单位:mm)

②区间矩形隧道,轨旁设备限界尺寸如图 5-3 所示。

③区间圆形隧道,轨旁设备限界如图 5-4 所示。

2. 线路

(1)线路分类

按用途不同,将城市轨道交通线路分为正线、辅助线及车场线。

正线是指连接车站并贯穿或直股伸入车站、用于行驶载客列车的线路。包括区间正线、车站正线。

辅助线一般不行驶载客列车,是为列车提供停放、折返、检查、转线及出入段/场作业的线路。主要包括车站侧线、存车线、渡线、折返线、出入段(场)线、安全线、联络线等。

车场线是车辆段(停车场)内进行车辆停放、编组、检查修理、清洗、调试等作业的线路。主要包括停车线、列检线、检修线、洗车线、调车线、牵出线、试车线等。

(2)轨道

轨道主要由钢轨、轨枕、联结零件、道床及道岔等组成。

①钢轨。

城市轨道交通正线、辅助线及试车线一般采用 60kg/m 的钢轨线路,车场线一般采用 50kg/m 的钢轨线路。

②道岔辙叉号。

城市轨道交通正线及与试车线接轨的道岔一般采用 9 号道岔;车辆段(车场)一般采用 7(6)号道岔。道岔常用辙叉号及侧向允许通过速度如表 5-3 所示。

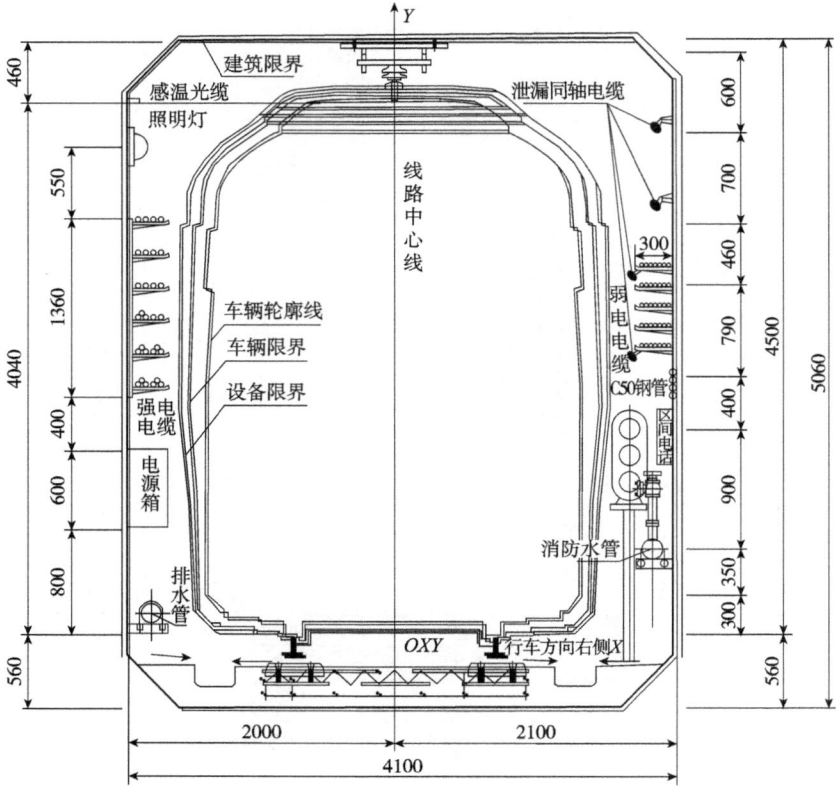

图 5-3 区间矩形隧道,轨旁设备限界尺寸图(尺寸单位:mm)

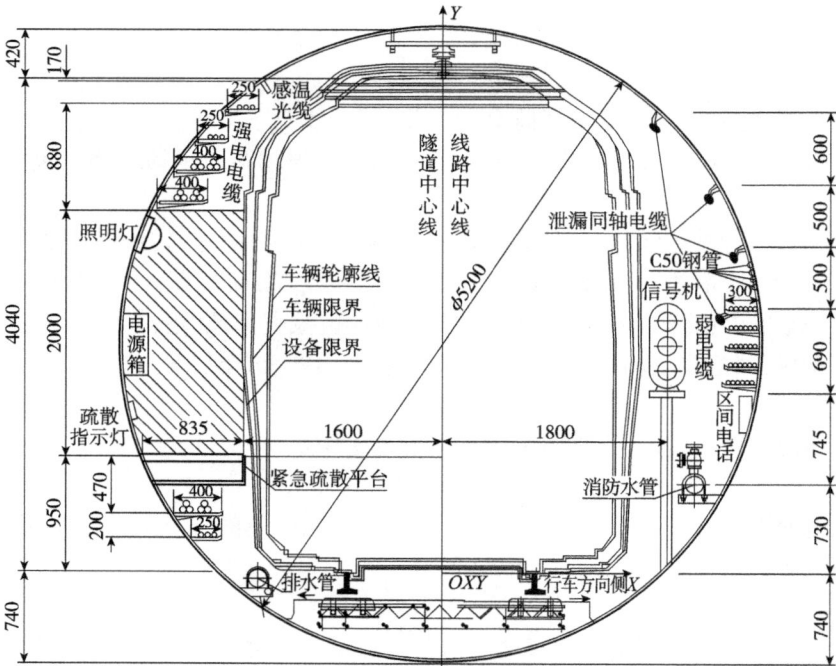

图 5-4 区间圆形隧道、轨旁设备限界图(尺寸单位:mm)

道岔侧向允许通过速度   表 5-3

辙叉号	9	7(6)
侧向允许通过速度（km/h）	35	25

3. 信号基础设备

（1）信号机

城市轨道交通的地面信号机主要用于指示列车出、入车场，出、入折返线（含停车线）及调车作业的命令，有关行车人员必须严格执行。

对于运营正线，平时地面信号机都由轨旁 ATC 子系统自动控制，设置成自动信号或连续通过信号。它是根据列车运行时刻表和列车实时信息自动动作；只有自动控制设备发生故障，改用人工控制的情况下，才由行车调度员或车站值班员排列进路、开放信号，作为列车行车凭证。

地面信号机设置原则包括：

①地面信号机一般设置在运行线路的右侧。

②正线有岔车站或有岔区间为了防护道岔和实现联锁关系，设置道岔防护信号机。

③折返线、停车线出、入口设置地面信号机。

④车辆段、停车场的出、入车场，出、入车库线，设置出、入场等地面信号机。

⑤车辆段、停车场内，根据调车作业需要，设置各种用途的调车信号机。

⑥在 ATC 子系统没有同步开通的特定情况下，有些运营线设置进、出站信号机，少数还设置通过信号机。当 ATC 子系统开通以后，这些信号机就失去指示行车的作用，只作为后备系统备用。

地面信号机显示方式及意义在正线信号显示内容中介绍。

（2）道岔转辙机

①转辙机是控制道岔尖轨动作的信号设备，属道岔控制系统的执行机构，用于道岔的转换与锁闭，是道岔动作的动力部分，其通过杆件做直线运动，使道岔尖轨进行位移来改变道岔开通方向并给出道岔状态的表示。转辙机及道岔安装如图 5-5 所示。

图 5-5 转辙机及道岔安装图

②转辙机的作用与要求。

a. 转换道岔的位置，带动尖轨做直线往返运动。

b. 道岔转至所需位置后，将道岔锁闭，确保车辆在通过道岔时尖轨不移位。

c. 正确反映道岔状态，给出相应的道岔位置表示。

d. 当道岔被挤或无道岔位置表示时，应及时给出声、光报警。

③城市轨道交通大多采用电动转辙机，近年也有采用电液转辙机和交流转辙机。由于正线钢轨重量大，故正线道岔一般采用双转辙机牵引。

④转辙机的传动机构是将电动机的高速旋转变换成动作杆的低速直线运动，再由动作杆带动道岔尖轨运动。传动机构的另一作用是带动尖轨的锁闭。

（3）轨道电路

轨道电路是利用线路的两根钢轨和机械绝缘节（或电气绝缘）构成的电路。它是信号系统的重要基础设备,其性能直接影响行车安全和运输效率。轨道电路技术广泛应用于列车占用区间线路、道岔区段、股道线路的检测。不设轨道电路的线路,也可以在轨道区段的两端设置计轴器,以检测列车占用与出清线路区段。

①轨道电路的基本原理。

轨道电路是以线路的两根钢轨作为导体,两端设置绝缘(机械绝缘或电气绝缘),接上送电和受电设备构成的电路,最简单的交流轨道电路以及城市轨道交通的轨道电路如图5-6所示。当轨道区段没有列车占用时,轨道电路发送端的电流经由两根钢轨至接收端,使轨道继电器工作;当列车占用该轨道区段时,列车车轮将两根钢轨短路,导致轨道电路的大部分电流通过车轮而分路,轨道继电器因电流不足而失磁,从而检测列车的到达;列车驶离该轨道区段,车轮的分路取消,轨道继电器又恢复工作。所以轨道电路是检测列车占用轨道区段的专用设备。

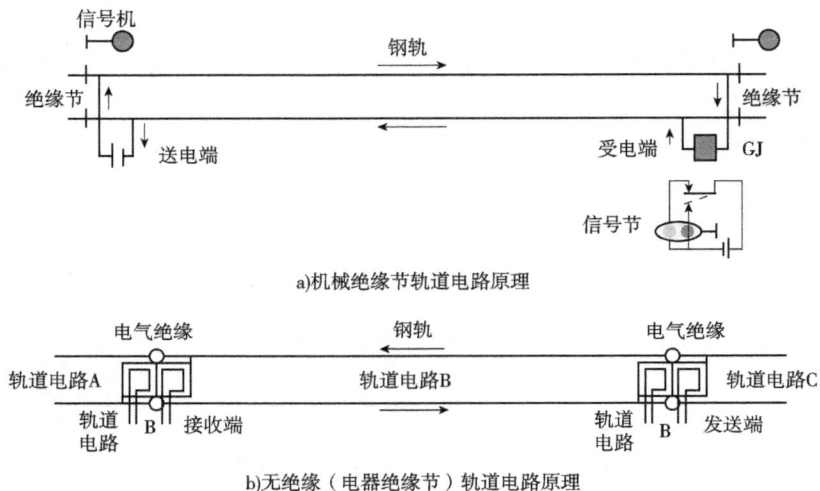

a)机械绝缘节轨道电路原理

b)无绝缘(电器绝缘节)轨道电路原理

图5-6 轨道电路示意图

城市轨道交通正线的轨道电路不设轨端绝缘节,一般称为无绝缘轨道电路,如图5-6b)所示。其"S"形的连接线,是轨道电路的电气绝缘设备;其发送设备和接收设备都设置于信号设备室,通过电缆引至钢轨。

②轨道电路的作用。

a. 检测列车是否占用轨道区段。

由轨道电路反映该轨道区段是否空闲,轨道区段空闲,才能建立进路、开放信号;列车占用信号所防护的进路,信号自动关闭,从而把信号显示和轨道电路状态结合起来。

b. 通过轨道电路向列车传递实时信息。

城市轨道交通信号系统中,通过轨道电路向列车传递行车实时信息;当轨道电路检测到列车已经被占用时,其轨道电路的发送端立即通过轨道电路向列车传送目标速度、目标距离或进路地图等信息,列车接收到这些信息以后,自动控制列车运行速度。

(4)计轴设备

轨道计轴设备用于检测列车完整性及列车是否占用或出清区间,是轨道空闲检测系统的基础。通过对进入区间车轴和离开区间车轴的计数,来确定一条轨道的占用。

轨道计轴设备主要由传感器、计算机或其他电子处理系统、传输通道、电源和接口电路等组成。区间每一头安装两台传感器,分装在轨枕空间并通过通道传输给另一头的计算机。计轴器原理如图 5-7 所示,安装如图 5-8 所示。

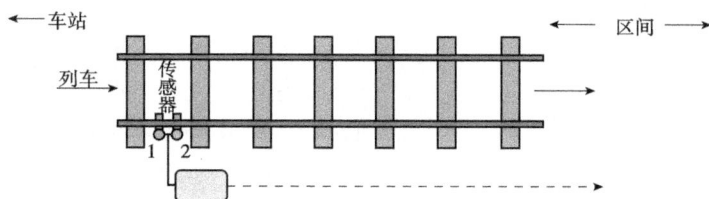

图 5-7　计轴器原理图

传感器 1→传感器 2 检测进入区间的列车轮轴数。

传感器 2→传感器 1 检测驶出区间的列车轮轴数。

（5）应答器

应答器也称为信标,它也是信号系统的基础设备,随着 ATC 系统的普及,应答器在城市轨道交通得到广泛的应用。在点式 ATP 子系统中,利用设置在每个车站出站信号机处的应答器,向列车传送 ATP 控制信息。

图 5-8　地面计轴器安装图

在基于模拟轨道电路的 ATC 系统中,利用设于区间和车站的应答器,实现列车在车站的程序对位停车控制。

在基于"距离定位"制式的 ATC 系统中,用无源应答器进行列车定位校核,用有源应答器用于车地信息交换。

应答器由地面和车载两部分设备构成。

①地面应答器设备。

地面应答器(图 5-9)是一种可以发送数据报文的高速数据传输设备,实现地对车的数据传输。其主要功能是:接收车载应答器天线传递的载频能量和向车载天线发送数据信息。地面应答器应具有足够的、可用的固定信息容量,当与地面电子单元连接时,能提供实时可变的数据信息。

图 5-9　地面应答器

a. 地面电子单元。

地面电子单元是一种数据采集与处理单元,当有行车数据变化时(如信号显示改变等),能实时将改变后的数据形成报文传送给地面应答器进行发送。

b. 地面应答器。

地面应答器有有源应答器和无源应答器两种。

地面无源应答器向列车发送固定数据信息,以告知列车已经到达线路的某一个固定位置,如:告知列车接近车站,列车进入自动对位停车程序。又如,列车收到某一个信标信息,可以自动校正列车定位误差。

地面有源应答器一般与地面电子单元连接,通过连接的地面电子单元,可实时更新地面有源应答器中存储的数据。可变编码的有源应答器内的数据报文,是随外部控制条件产生变化的。但列车已接近到应答器一定距离时,地面有源应答器内的数据应保持不变。有源应答器系统组成如图 5-10 所示。

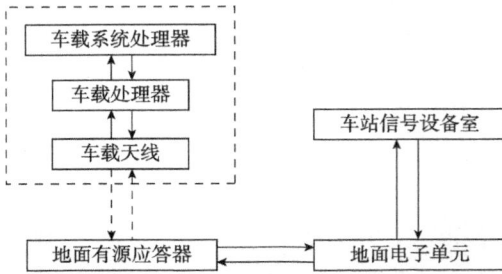

图 5-10 有源应答器组成示意图

② 车载应答器。

每个地面应答器对应于线路的某一个固定的坐标,所以列车收到地面应答器信息可以对列车行走里程进行精确的定位及校正。列车收到前一个地面应答器的信息后,可判断该应答器的特性和位置。这些信息特性包括:地面应答器所处的位置、位置参数的精度、列车的运行方向等。如果接收到的地面应答器的信息与预期的不同,车载应答器解码设备应有相应的表示或相应的输出,以便车载 ATP 设备做出相应的反应并采取相应的安全措施。

车载接收器的主要功能包括:发送地面应答器需要的能量;接收来自地面应答器的信息;分析接收到的数据流,找出完整的报文,形成处理好无错码报文,确定定位参考点,从车上向地面发送包括检查码在内的各种信息。

车载应答器设备包括:车载天线、解码器、载频发生器与功率放大器等。

其中,车载天线如图 5-11 所示。车载天线是一个双工的收发天线,既要向地面发送激活地面应答器的功率载波,还要接收地面应答器发送的数据报文。

载频发生器与功率放大器用于产生激活地面应答器所需的载频能量,并通过车载天线传递给地面应答器。

图 5-11 车载天线

解码器是用于对地面应答器的数据进行处理的模块,由微处理器、滤波器及其他相关单元组成。解码器用于对地面应答器信息的接收、滤波、数字解调与处理,经处理的数据通过相应的接口,传送至相关的设备,如车载 ATP 设备、司机显示单元或无线设备。

4. 车站联锁

为了保证行车安全,必须在信号机、道岔和进路之间建立一定的相互制约关系和控制程序,称之为联锁,实现联锁技术的设备称为联锁设备。

（1）设备联锁分类

①集中联锁:继电联锁和计算机联锁。

②非集中联锁:电锁器联锁。

（2）各种联锁设备应满足的条件

①当进路上的有关道岔开通位置错误、道岔转换不到位(不密贴),或有关敌对信号机未关闭时,该信号机不能开放。

②信号机开放后,进路上的有关道岔被锁闭,不能转动,其敌对信号机不能开放。

③主体信号机未开放时,其预告或复示信号机不能开放。

（3）人工联锁

当联锁设备故障或暂时不能正常使用时,为保证行车安全,而采用以联锁制度来保证的人工联锁来办理进路,开闭(或显示)信号。

5. 区间闭塞

车站与车站之间的线路为区间,确保列车在区间内安全、有序,按空间间隔运行的技术措施称为行车闭塞。不同的闭塞设备,确定了相应的区间闭塞方法。城市轨道交通采用的基本闭塞方式主要有自动闭塞法、准移动闭塞法、移动闭塞法。当基本闭塞设备故障或基本闭塞法不能使用时,则采用电话闭塞(人工闭塞)作为临时代用闭塞法组织行车。

（1）人工闭塞

在基本闭塞设备故障或基本闭塞法不能使用时,通过发车站和接车站之间的电话联系,在确认区间空闲的情况下,由行车调度员向车站值班员下达“停基改电”行车,签发“路票”的调动命令,发车站值班员办理发车进路,填写路票并交予列车司机,允许该列车以路票作为行车凭证,占用区间,运行至接车站;列车到达接车站后,司机将路票交给接车站值班员,区间闭塞解除。这种闭塞方法,检查区间空闲、办理闭塞、准备进路、填写交接凭证、发车等都是依靠人工来完成,所以称为人工闭塞,也叫作“电话闭塞”。

（2）自动闭塞

自动闭塞是将区间划分为若干闭塞分区,闭塞分区设置轨道电路,在每个闭塞分区的入口处设置通过信号机防护闭塞分区。通过列车车轮与轨道电路相接触和运行位置变化,自动控制通过信号机显示,并向列车发送运行指令,而且允许数列列车追踪运行,这种闭塞方式不仅可以确保行车安全,也提高了行车效率。

采用自动闭塞法行车时,列车占用闭塞分区的行车凭证为通过信号机显示的进行信号。同方向列车追踪间隔是前行列车所占用闭塞分区的始端,须留有一定的安全距离。

自动闭塞也称为固定闭塞,按闭塞分区通过信号机逐架依次地降级显示,设定每个闭塞分区的速度等级,列车采用速度分级制动方式停车。

按信号显示序列,自动闭塞可分为三显示自动闭塞和四显示自动闭塞。三显示自动闭塞原理如图5-12所示。

（3）准移动闭塞

按准移动闭塞方式行车时,列控系统采取目标距离控制模式(又称连续式一次速度控制)。目标距离控制模式根据目标距离、目标速度及列车本身的性能确定列车制动曲线,不必设定每个闭塞分区速度等级,采用一次制动方式。

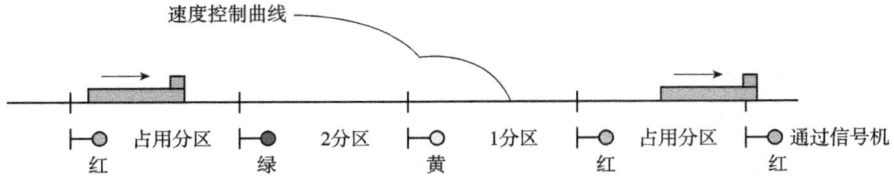

图 5-12　三显示自动闭塞控制原理图

　　准移动闭塞的追踪目标点是前行列车所占用闭塞分区的始端,须留有一定的安全距离,而后行列车从最高速度开始制动的计算点是根据目标距离、目标速度及列车本身的性能计算决定的。目标点相对固定,在同一闭塞分区内不依前行列车的走行而变化,而制动的起始点是随线路参数和列车本身性能不同而变化的,其追踪运行间隔显然要比固定闭塞小一些。空间间隔的长度是不固定的,但与移动闭塞有区别,所以称为准移动闭塞。

　　一般情况下,闭塞分区是用轨道电路或计轴装置来划分的,它具有列车定位和占用轨道的检查功能。由于目标点是相对固定的,所以,当前行列车在同一闭塞分区内走行时,连续式一次速度控制曲线是相对稳定的;当前行列车出清闭塞分区时,目标点突然前移,目标距离突然改变,连续式一次速度控制曲线会发生跳变。准移动闭塞控制原理如图 5-13 所示。

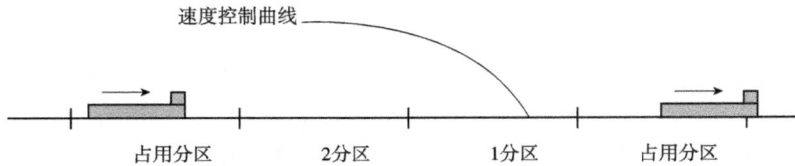

图 5-13　准移动闭塞控制原理图

　　(4)移动闭塞

　　采用移动闭塞法行车时,是以同方向保持最小安全运行间隔的前行列车尾部和追踪列车头部为活动闭塞的分界点。前行列车和追踪列车之间的安全间隔距离是不固定的,而是根据列车运行速度、距离等条件自动调整的,与列车同步移动的虚拟分区使得后续列车和先行列车之间始终保持常用制动距离加上动态安全保护距离。移动闭塞控制原理如图 5-14 所示。

　　移动闭塞的其他有关知识在"列车运行自动控制系统"中详细介绍。

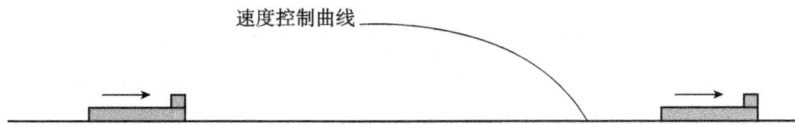

图 5-14　移动闭塞控制原理图

6. 列车运行自动控制系统

　　(1)定义

　　城市轨道交通的信号系统,统称为列车运行自动控制系统(ATC),它是列车运行的指挥和控制系统。ATC 系统由列车自动监控子系统(ATS)、列车自动防护子系统(ATP)、列车自动运行子系统(ATO)组成。

（2）基于轨道电路的自动控制系统

①基于无绝缘模拟轨道电路的 ATP 子系统

无绝缘模拟轨道电路的 ATP 子系统通过阻抗连接器，在轨道电路中传送用于检测列车的模拟检测信号，以检测列车是否占用或出清该轨道电路区段。

"速度码"信息是指列车运行至该轨道区段出口端的目标速度，是列车行车凭证。

每个轨道区段的速度命令是根据与先行列车相隔几个闭塞分区（列车间隔距离）和线路条件等设定的。

②数字编码轨道电路

以数字编码轨道电路为基础的 ATP 子系统，是城市轨道交通 ATC 系统的主要制式。数字编码轨道电路的车载信息，主要以发送"目标速度"信息为主，作为列车行车凭证，也有发送"进路地图"的"距离定位"制式。

"目标速度"制式如下：

目标速度是指列车进入某一轨道区段时，接收到列车离开该轨道区段时的允许速度。

目标点是该轨道区段的终点，目标距离是该轨道区段的长度。

进路地图描述了列车运行前方线路的地图信息，包括：线路坡度、曲线半径、线路限速、道岔开通状态、精确的位置信息等。列车根据这些信息计算运行速度，自动控制列车的运行，并保证列车在车站的程序对位停车。

（3）基于通信的自动控制系统

①移动闭塞基本要素及特点。

a. 移动闭塞的基本要素。

移动闭塞的基本要素是列车定位、安全距离、目标点。

（a）列车定位：列车定位是列车相对于区间坐标及目标点的位置。移动闭塞的列车定位由地面设备和车载设备共同完成。

（b）安全距离：安全距离是后续追踪列车的命令停车点与其前方列车尾部之间的固定距离。

（c）列车运行的行车凭证——目标点：目标点是移动闭塞列车运行的行车凭证，如同固定闭塞系统中的允许信号。列车只有获得了目标点，才能够向前移动。

b. 移动闭塞的特点。

与固定闭塞相比，移动闭塞主要有以下特点：

在确保安全的前提下，可以缩小列车之间的运行间隔，是提高行车效率的有效途径。

不需要设置轨道电路、闭塞分区。

运行的列车与控制中心之间始终保持不间断的信息交换。

列车在线路上的位置由列车自身测定，并自动修正位置误差。

控制中心掌握在线运行列车的精确位置和速度。

不同编组长度的列车，均可以最高的行车密度运行于同一线路。

②基于交叉感应环线的移动闭塞系统。

a. 系统设备基本组成。

基于交叉感应环线的移动闭塞系统，由系统管理中心、列车控制中心、车载控制器、车站

图5-15 感应环线、计轴器、出站信号机设置

控制器、感应环线通信系统等设备组成。感应环线、计轴器、出站信号机设置如图5-15所示。

b.信息传输。

控制中心与运行列车之间是通过敷设在轨道间的交叉感应环线来进行信息传输和交换的。

控制中心通过环线向列车车载控制器传输的信息内容主要包括:车载控制器所在地实际环路编号、列车运行目标点、运行方向(上/下行)、车门控制(左/右,开/关)、允许运行最大速度、车载控制器编号、车载控制器命令启动/备用、慢行区目标速度、使用非安全码向车载控制器传递特殊数据、制动曲线、下一个目的地(车站或轨道区段)、当前位置的平均速度等。

列车车载控制器向控制中心传输的状态信息内容包括:车载控制器编码、列车操作模式、紧急制动状态、列车门状态(开/关)、列车完整性状态、车载控制器启动/备用、车载控制器所在地实际环路编号、运行方向(上/下行)、列车所在环路的位置、列车实际速度、故障报告等。

③基于无线通信的移动闭塞列车控制系统(以CBTC为例)。

a.定义。

基于无线通信的移动闭塞列车控制系统(CBTC)是指通过无线通信方式(而不是轨道电路或环线),实现车—地双向实时通信,自动控制列车运行的信号系统。

b.信息传输。

列车上的车载控制器通过探测轨道上的应答器,查找它们在数据库中的方位,确定列车绝对位置,而且列车本身自动测量、计算自前一个探测到的应答器起已行驶的距离,确定列车的相对位置。列车车载控制器通过列车与轨旁设备的双向无线通信,向轨旁CBTC设备报告本列车的精确位置。

轨旁CBTC设备,根据各列车的当前位置、运行方向、速度等要素,同时考虑列车运行进路、道岔状态、线路限速以及其他障碍物的条件,向所管辖的列车发送"移动授权极限命令",即列车传送运行的距离、最高运行速度,从而保证列车间的安全间隔距离。

二、行车组织原则

1.行车组织原则

(1)行车组织工作必须贯彻安全生产的方针,坚持高度集中、统一领导的原则,各单位、各部门、各岗位要紧密配合、协同动作,确保乘客安全、行车安全,完成各项工作任务。组织均衡生产,不断提高效率,挖掘运输潜力,完成和超额完成运输任务。

(2)列车运行图是行车组织工作的基础,与列车运行有关的各部门必须根据列车运行图的要求组织本部门的工作。

(3)行车组织和运营管理工作,必须保证安全运送乘客,正确使用行车技术设备,实现安全、准点、舒适、快捷的运营服务。

2. 行车指挥

（1）行车指挥层次

行车指挥执行层次如图 5-16 所示。

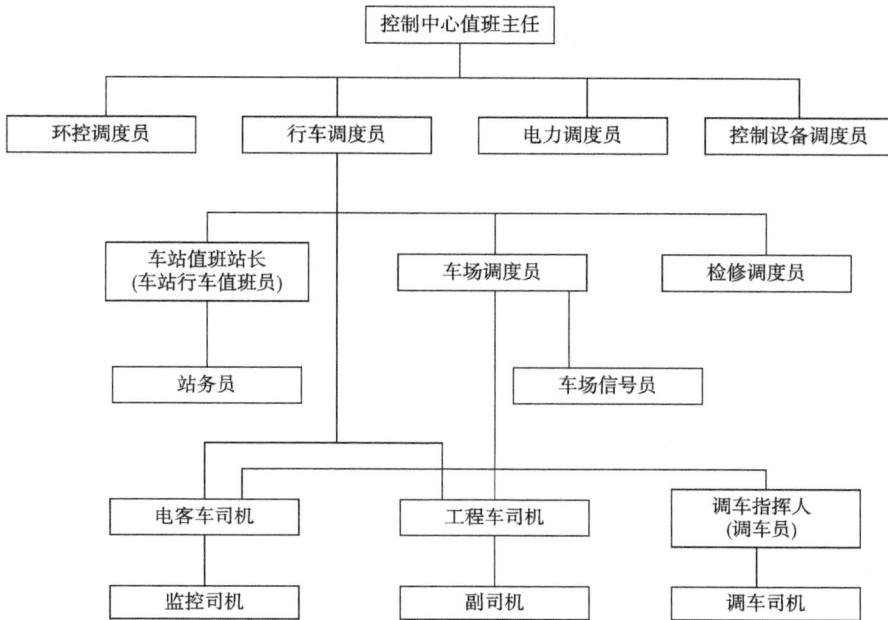

图 5-16　行车指挥执行层次图

（2）行车指挥工作必须坚持集中领导、统一指挥、逐级负责的原则

正线及辅助线行车工作由本区段行车调度员统一指挥。

车辆段（车场）内行车组织、维修施工等由车场调度员统一指挥。

车站由值班站长（车站行车值班员）统一指挥。

列车和工程车由司机负责指挥；有车长的列车由车长负责指挥。

列车或工程车在车站时，所有乘务人员应按值班站长（车站行车值班员）的指挥进行工作。

在调度集中区段，有关行车工作由该区段行车调度员直接指挥，但转为车站控制时，由值班站长（车站行车值班员）负责指挥。

各级指挥岗位应根据各自岗位职责进行行车组织指挥工作，并服从控制中心值班主任总体协调和指挥。

（3）调度命令

有关行车人员必须执行行车调度员命令，服从调度指挥。

指挥列车运行的命令和口头指示，只能由行车调度员发布。行车调度员在发布命令之前，应详细了解现场情况，并听取有关人员意见。

遇下列情况时，须发布调度命令：

①须发布书面调度命令的内容。

a. 线路限速运行或取消线路限速运行。

b. 改用电话闭塞法组织行车和恢复基本闭塞法组织行车。

c. 封锁、开通线路。

d. 开行调试电客车或工程车。

e. 启动/结束非运营时段多车试车等演练计划。

f. 行调认为有必要记录的其他有关命令。

发布书面调度命令时,应填记"调度命令登记簿"。特殊情况时可先用口头命令下达执行,事后补发书面调度命令。

②发布口头命令的内容。

a. 临时加开或停开列车(包括电客车、救援列车)。

b. 电客车推进运行、退行,工程车退行。

c. 电客车越站通过。

d. 改变列车驾驶模式。

e. 列车救援。

f. 列车中途清客。

g. 变更列车运行交路。

h. 单列车临时限速。

i. 切除车门,关好旁路开关。

j. 区间放(带)人。

k. 允许列车越过红灯(灭灯)信号。

l. 计轴复零(包括预复零和直接复零)。

m. 变更闭塞方式(改用电话闭塞除外)等。

③调度命令的传达。

a. 行调发布调度命令时,在车辆段,由派班员、车辆段调度负责传达;在正线及辅助线由车站值班站长(或行车值班员)负责传达。

b. 传达给司机或其他有关人员的书面调度命令须填写"调度命令"单并加盖行车专用章。书面调度命令格式见表8-1。

c. 同时向几个单位或部门发布调度命令时,行调应指定其中一人复诵,其他人核对,确保正确无误。

3. 停车场、车辆段日出车计划

(1)列车上线/下线计划

工作日(周一~周五)运营时间为每日 6:00~23:30。运营开始前组织 10 列车上线,进行轧道及有关站开行首班车。6:00 运营开始后至 7:00 间,车辆段/车场分别再各出 5 列车(共 10 列)上线,确保高峰时段正线 20 列车运营;9:00 后行调组织三列车下线退出运营(一列回停车场备用,两列回车辆段备用);16:30 行调组织停于车场及车辆段的备用列车逐列投入运营;19:30~23:30 期间每 30min 抽一列车下线,分别是 19:30,20:00,20:30,21:00,21:30,22:00,22:30,共 7 列车。

(2)平峰/高峰时段列车数量及间隔时间计划表

平峰/高峰时段列车数量及间隔时间计划表如表 5-4 所示。

平峰/高峰时段列车数量及间隔时间计划表　　　　表 5-4

运营时间	列车数量（列）	列车间隔（min）	平峰/高峰	备　注
6:00 ~ 7:00	10 ~ 20	9.0 ~ 4.5	平峰时段	
7:00 ~ 9:00	20	4.5	早高峰时段	
9:00 ~ 16:30	17	5.5	平峰时段	
16:30 ~ 19:30	20	4.5	晚高峰时段	
19:30 ~ 23:30	20 ~ 23	4.5 ~ 6.5	平峰时段	

（3）停车场日出车计划

停车场日出车计划如表 5-5 所示。

停车场日出车计划　　　　表 5-5

序号	出场时间	司机	车次	开点	运行径路	备　注
1 ~ 5	5:00 ~ 5:40			6:00	参见表 5-1 中 1 ~ 5 项	1 ~ 5 列轧道及首班车
6	6:00			6:10	停车场西口→I 站上行站台	直接投入运营
7	6:10			6:20	停车场东口→J 站下行站台	直接投入运营
8	6:20			6:30	停车场西口→I 站上行站台	直接投入运营
9	6:30			6:40	停车场东口→J 站下行站台	直接投入运营
10	6:40			6:50	停车场东口→J 站上行站台	直接投入运营

（4）车辆段日出车计划

车辆段日出车计划如表 5-6 所示。

车辆段日出车计划　　　　表 5-6

序号	出场时间	司机	车次	开点	运行径路	备　注
1 ~ 5	5:00 ~ 5:30			6:00	参见表 5-2 中 1 ~ 5 项	1 ~ 5 列轧道及首班车
6	6:00			6:10	车辆段南口→D 站下行站台	直接投入运营
7	6:10			6:20	车辆段北口→B 站上行站台	直接投入运营
8	6:20			6:30	车辆段南口→D 站下行站台	直接投入运营
9	6:30			6:40	车辆段北口→B 站上行站台	直接投入运营
10	6:40			6:50	车辆段南口→D 站下行站台	直接投入运营

注：停车场、车辆段日出车计划需对照表 5-1 查看。

三、信号显示

1. 基本要求

信号是指示列车运行及调车作业的命令，有关行车人员必须严格执行。城市轨道交通信号分为视觉信号和听觉信号两类。

（1）视觉信号

视觉信号的基本颜色及意义为：红色代表停车。黄色代表注意或减低速度。绿色代表按规定速度运行。

（2）听觉信号

听觉信号如口笛发出的音响和电客车、工程车、轨道车的鸣笛声。

2. 信号显示

（1）固定信号

①道岔防护信号机。

道岔防护信号机显示含义如下：

一个绿色灯光：表示前方道岔在直向位置，进路开通并锁闭，允许列车按指令速度越过该信号机。

一个红色灯光：不准列车越过该信号机。

一个黄（白）色灯光：表示前方道岔在侧向位置，进路开通并锁闭，允许列车按指令限速越过该信号机。

一个红色灯光加一个黄（白）色灯光：引导信号开放，表示允许列车停车后，以限制人工驾驶模式不超过 20km/h 的速度越过道岔区段，并随时准备停车。

②出站信号机。

出站信号机用于防护区间、指示列车运行条件。在有岔车站，兼作道岔防护信号机。

显示含义如下：

一个绿色灯光：允许列车经道岔直向位置进入区间，前方至少有两个闭塞分区空闲。

一个黄色灯光：允许列车经道岔侧向位置进入区间，前方有一个闭塞分区空闲。

一个红色灯光：不准列车越过该信号机。

一个蓝色灯光：系统处于自动模式（ATC 模式）。

③三显示自动闭塞区间通过信号机。

显示含义：

一个绿色灯光：准许列车按规定速度运行，表示运行前方至少有两个闭塞分区空闲。

一个黄色灯光：要求列车注意运行，表示运行前方有一个闭塞分区空闲。

一个红色灯光：列车应在该信号机前停车。

④阻挡信号机。

阻挡信号机设置在尽头线路端部、挡车器前方，表示前方已无线路。

阻挡信号机显示含义：阻挡信号机一个红色灯光表示禁止列车越过该信号机。

⑤出折返线信号机。

出折返线信号机显示含义：

一个绿（白）色灯光：前方进路开通并锁闭，允许列车出折返线运行至车站规定地点停车。

一个红色灯光：停车信号，不准列车越过该信号机。

一个白色灯光：兼作调车信号机时，允许列车越过该信号机调车。

（2）手信号

①一般规定。

原则上，地面站及车辆段昼间使用信号旗、夜间使用信号灯显示手信号；地下车站昼夜均使用信号灯显示手信号。

在显示手信号时，凡持有手信号旗的人员，应将信号旗拢起，左手持红旗，右手持绿旗

（扳道员右手持黄旗），不持信号旗的人员徒手按规定方式显示有关手信号。

显示手信号时，必须做到严肃认真、横平竖直、灯（旗）正圈圆。

手信号显示的停车信号、减速信号、引导信号与固定信号机显示的相应信号有同等作用，有关人员必须严格执行。

②指挥列车手信号。

列车运行时，有关人员应遵守下列手信号的显示：

a. 停车信号：要求列车停车（图 5-17）。

昼间：展开的红色信号旗；

夜间：红色灯光。

图 5-17　列车停车手信号

b. 紧急停车信号：要求列车紧急停车。

昼间：展开的红色信号旗上下急剧摇动。

无红色信号旗时，两臂高举头上向两侧急剧摇动（图 5-18）。

图 5-18　列车昼间紧急停车手信号

夜间:红色灯光上下急剧摇动。

无红色灯光时,用白色灯光上下急剧摇动(图 5-19)。

a)   b)

图 5-19 列车夜间紧急停车手信号

c. 减速信号:要求列车降低到要求的速度运行。

昼间:展开的黄色信号旗[图 5-20a)]。

无黄色信号旗时,用绿色信号旗下压数次[图 5-20b)]。

a)昼间减速信号1   b)昼间减速信号2

图 5-20   昼间减速信号

夜间:黄色灯光(图 5-21)。

无黄色灯光时,用绿色灯光下压数次。

d. 发车信号:要求司机发车。

昼间:展开的绿色信号旗上弧线向列车方面作圆形转动[图 5-22a)];

夜间:绿色灯光上弧线向列车方向做圆形转动[图 5-22b)]。

图 5-21　夜间减速信号

图 5-22　发车手信号

　　e. 人工引导手信号:准许列车进入车站或车辆段。

　　昼间:展开的黄色信号旗高举头上左右摇动,如图 5-23a)所示。(摇动,手臂大幅度摆动,下同)。

　　夜间:黄色灯光高举头上左右摇动,如图 5-23b)所示。

　　f. 好了信号,完成相关作业项目,确认无误。

　　昼间:拢起的信号旗顺时针做圆形转动,如图 5-24a)所示。

　　夜间:白色灯光顺时针做圆形转动,如图 5-24b)所示。

　　③列车试验制动手信号显示方式如下:

　　a. 制动。

　　昼间:拢起的绿色信号旗(或检查锤)高举头上,或徒手单臂高举,如图 5-25a)所示。

　　夜间:白色灯光高举,如图 5-25b)所示。

a) b)

图 5-23　人工引导手信号

a) b)

图 5-24　好了手信号

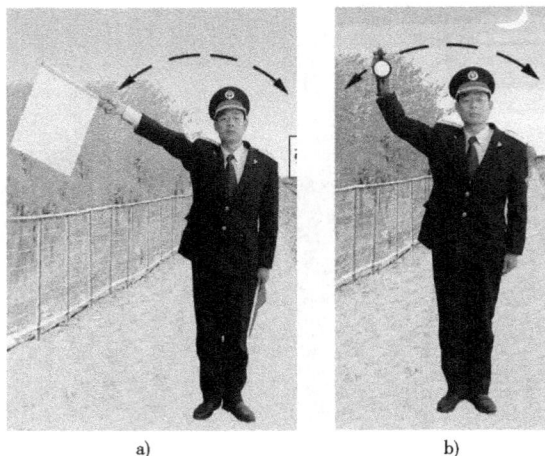

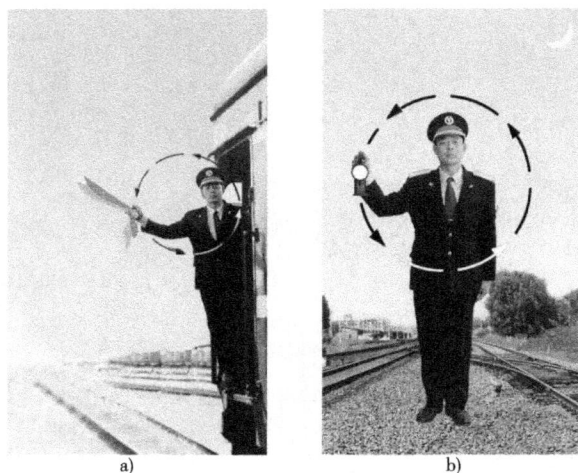

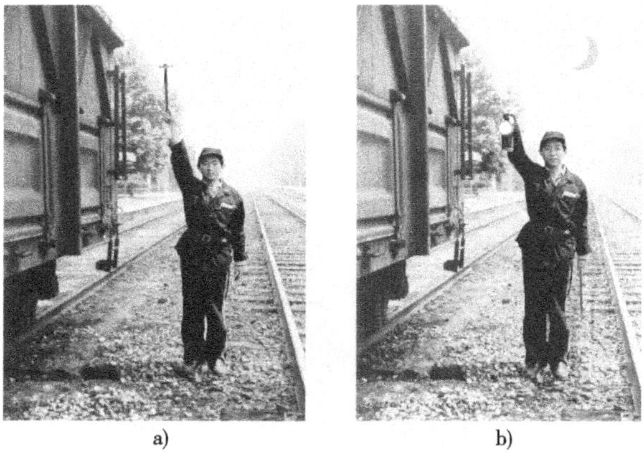

a) b)

图 5-25　列车试验制动手信号

b. 缓解。

昼间:拢起的绿色信号旗(或检查锤)在下部左右摇动,如图5-26a)所示。

夜间:白色灯光在下部左右摇动,如图5-26b)所示。

a)　　　　　　　　　　　　b)

图5-26　列车试验制动缓解手信号

c. 试验完了(或其他作业完成)。

昼间:拢起的绿色信号旗(或检查锤)做圆形转动,如图5-27a)所示。

夜间:白色灯光做圆形转动,如图5-27b)所示。

a)　　　　　　　　　　　　b)

图5-27　列车试验完了手信号

④徒手信号显示方式

a. 紧急停车信号:两臂高举头上向两侧急剧摇动。

b. 好了信号:单臂高举直伸,以肩部为圆心顺时针做圆形转动。

c. 调车信号:徒手显示的各种调车信号的名称及显示方式详细参照表7-2。

（3）听觉信号

①一般规定。

听觉信号,长声为3s,短声为1s,音响间隔为1s。重复鸣示时,须间隔5s以上。

②听觉信号鸣笛鸣示方式。

电客车、工程车列车鸣笛鸣示方式如表5-7所示。

电客车、工程车鸣笛鸣示方式表　　　　　　　　　　　　　　　表5-7

名　　称	鸣示方式	使 用 时 机
起动注意信号	一长声 —	（1）列车起动或机车车辆前进时（双机牵引时,本务机车鸣笛后,尾部机车应回示,本务机车再鸣笛一长声后起动）; （2）列车接近施工地点、引导信号、天气不良时; （3）电客车在段检修及整备中,准备降下或升起受电弓时
退行信号	二长声 — —	电客车、机车车辆、单机开始退行时
警报信号	一长三短声 — ...	发现线路有危及行车安全的不良处所时
试验自动制动机及复示信号	一短声 .	（1）试验制动机开始减压时; （2）接到试验制动结束的手信号,回答试风人员时; （3）调车作业中,表示已接收到调车长所发出的信号时
缓解信号	二短声 . .	试验制动机缓解时
紧急停车信号	连续短声	司机发现（或接到通知）邻线发生障碍,向邻线上运行的列车发出紧急停车信号时。邻线列车司机听到此种信号后,应紧急停车

（4）信号表示器及信号标志

①信号表示器。

a. 发车表示器［图5-28a）］。

b. 车挡表示器［图5-28b）］。

②信号标志

a. 警冲标。设在两会合线路线间距离为4m的中间。线间距离不足4m时,设在两线路中心线最大间距的起点处,如图5-29所示。

 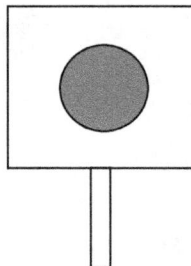

a)发生表示器　　　　　b)车挡表示器

图5-28　信号表示器

图5-29　警冲标

b. 停车标。要求列车停车的信号标志,如图 5-30 所示。

c. 一度停车标。要求列车在该地点停车后进行确认线路、道岔以及进行相关操作后继续行驶的指示标志,如图 5-31 所示。

d. 限速标。正面为黄色,表示按标明的速度限速运行的起点,背面为绿色,表示限速运行的终点,正面如图 5-32 所示。

e. 限速地点终点标。正面为绿色,表示限速运行的终点;背面为黄色,表示按标明的速度限速运行的起点,正面如图 5-33 所示。

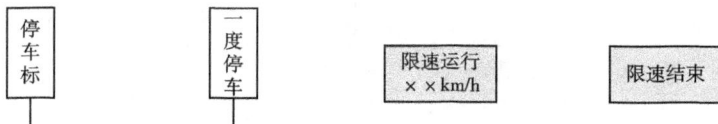

图 5-30　停车标　　图 5-31　一度停车标　　图 5-32　限速标　　图 5-33　限速地点终点标

f. 鸣笛标。鸣笛标是要求司机鸣笛的标志。一般设在道口、隧道口以及线路状况复杂地段的外方规定位置,如图 5-34 所示。

g. 预告标。在接近车站 300m、200m、100m 处分别设置接近车站预告标,或在接近车站 100m 处设置站界标(站名标),如图 5-35 所示。

h. 站界标。表示车站与区间的分界点,如图 5-36 所示。

图 5-34　鸣笛标　　图 5-35　预告标　　图 5-36　站界标

四、正线作业规定

1. 正线运行对司机的操作要求及注意事项

(1)按规定着装,精神状态良好。驾驶过程中,坐姿端正,左、右手分别置于规定位置。

(2)司机必须熟悉线路、信号等行车设备平面布置,按照信号显示及设备状态行车,严禁臆测行车。

(3)列车运行中严格执行"彻底瞭望、确认信号、准确呼唤、手比眼看"十六字令。依照《一次乘务作业标准》《电动客车操作规程》《列车操纵示意图》正确操纵列车。

(4)坚持呼唤应答、手指口呼制度,用语准确,声音响亮。掌握"远看信号,近看道岔"的原则,确认前方进路安全。乘务员相互监督,做好行车"三控",即自控、互控、他控,确保行车安全。

司机驾驶坐姿、手指口呼参如图 5-37 所示。

(5)严格按照《行车组织规则》(以下简称《行规》)规定的各项允许及限制速度控制列车运行,运行时保持实际速度低于推荐速度 5km/h 左右,做到既不超速行车,也不发生运缓。避免因超速或松开警惕按钮而产生紧急制动。

图 5-37　司机驾驶姿势、手指口呼作业

（6）列车接近站台时，司机应密切注意乘客状况，遇乘客较多或有越出安全线时，应及时鸣笛示警，遇危及列车运行或人身安全时，立即采取果断措施。

（7）按《列车操纵示意图》或《操纵提示卡》操纵列车，正确操纵司控器主控手柄，准确掌握及适时调节牵引力及制动力，防止列车纵向冲动。

①起车时做到起车稳、加速快，防止空转。

②运行中规范操纵，平稳运行，按图行车。

③列车进站停车时，应平稳操纵，采用点式分级速度控制法分段控制好列车速度。操纵制动手柄时，应采取早拉少拉、合理操作原则，严禁急剧增加或减小制动级位，防止冲动或滑行，使列车均匀减速，平稳、准确停车。正常情况下，停车对标误差值不超过 ±50cm（或公司规定的误差值）。

司机控制器主控手柄如图 5-38a）、图 5-38b）所示。

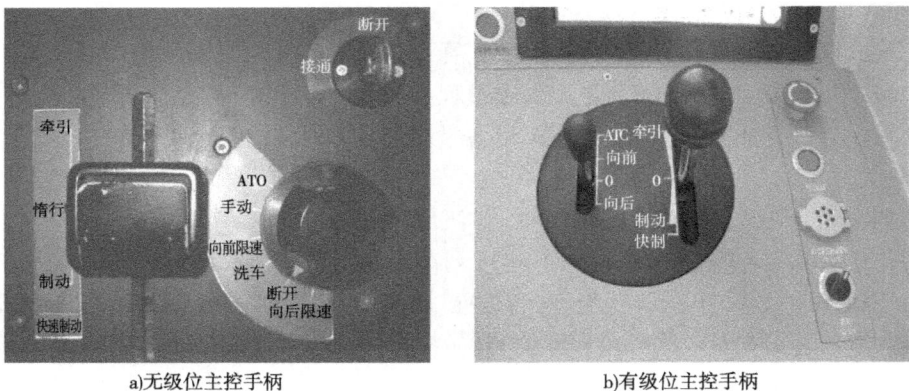

a)无级位主控手柄　　　　　　　　　　b)有级位主控手柄

图 5-38　主控手柄

列车操纵示意图如图 5-39 所示。

（8）注意观察各显示屏、指示灯的状态，加强眼看、耳听、鼻闻并用的意识，发现异常时，立即采取有效措施并及时报告行调，按行调指示执行。

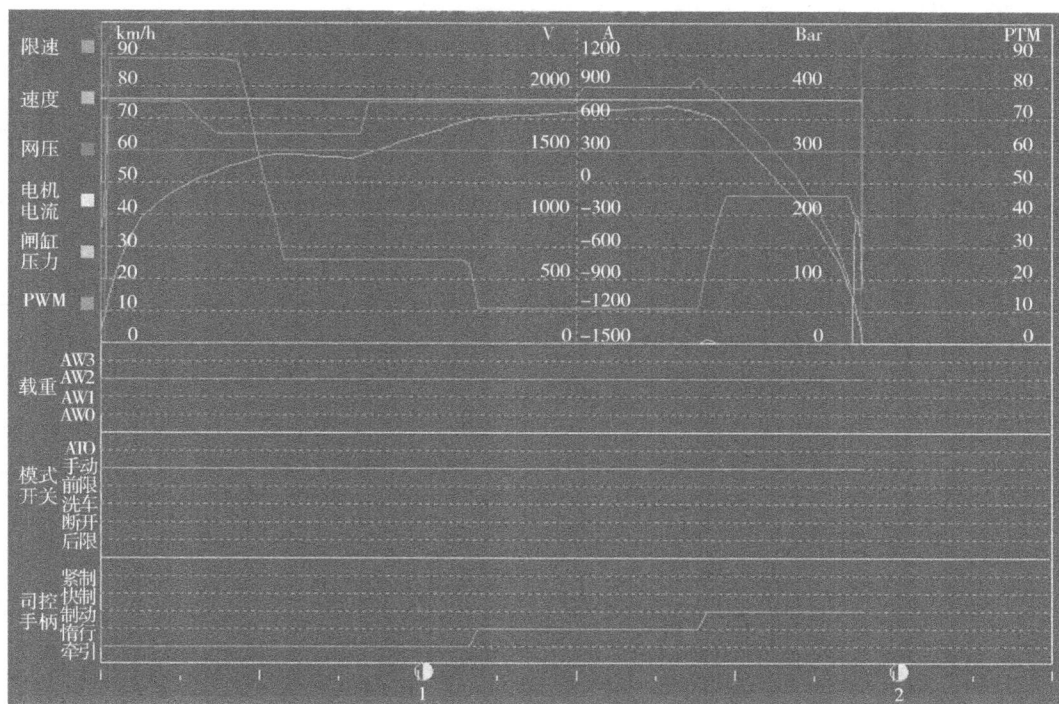

图 5-39　列车操纵示意图

（9）一般情况下，采用 ATO 模式驾驶列车，改变驾驶模式前必须要得到行调的授权（有特殊情况的可先转模式再报行调）。如有需要采用 SM、RM 或 NRM 驾驶模式，除得到行调的授权外，司机须严格按照《行规》规定控制速度，同时还必须时刻正确按压警惕按钮。

（10）运行中，司机发现弓网故障、线路及其他轨旁设备损坏或超限时，应立即采取紧急停车措施（如在区间发现弓网故障时，应立即降弓，在确保事态不进一步扩大和安全的前提下，尽量维持列车进站对标停车，开门清客），并报告行调。

（11）列车在进站时，司机接到紧急呼叫时应立即应答。遇非紧急呼叫原则上不予回复，待列车停稳后适时予以回复。

（12）运行中，司机应加强与车站的联系，执行联控安全措施，对于需经车站中转的行车指示或命令必须执行复诵制度，命令不清不准动车。确保列车安全、准点运行。

2. 正线呼唤应答标准

正线呼唤应答标准如表 5-8 所示。

五、各种驾驶模式

列车牵引操纵控制系统有两种驾驶模式，一是自动驾驶模式，二是手动驾驶模式，根据行车及有关作业需要，每种模式中还包括几种子模式。

呼唤应答标准用语表

表 5-8

序号	作业内容	呼唤时机	司机			监整员		
			呼唤用语	手比	备注	呼唤用语	手比	备注
1	开车门、屏蔽门	列车停稳，对标准确，司机台气制动施加灯亮	口呼"开左/右门"	√	点式ATP模式下，需确认开门使能信号	口呼"开屏蔽门"		点式ATP模式下，需确认开门使能信号
2	开门确认	确认屏蔽门、车门完全打开后	手指口呼"车门、屏蔽门打开"	√	站在规定位置，确认屏蔽门、车门完全打开后和手指口呼	手指口呼"车门、屏蔽门打开"	√	站在规定位置，确认屏蔽门、车门完全打开后和屏蔽门指示灯亮，再手指口呼
3	关车门、屏蔽门	车站作业时间内，乘客上下完毕，关门时机	口呼"关左/右门"	√	（1）与站务配合防止乘客冲门；（2）清客时根据站务人员清客"好了"信号作为关门时机	口呼"关屏蔽门"		
4	关门确认	确认车门完全关好	手指口呼"车门关好"	√	司机确认门全关闭灯亮后呼唤	手指口呼"屏蔽门关好"	√	确认屏蔽门关好指示灯亮呼唤
5	确认"好了"信号	"好了"信号显示后	手指口呼"好了"信号有	√	终点站凭清客"好了"信号关车门，关门后确认无夹人夹物"好了"信号	手指口呼"好了"信号有	√	终点站凭清客"好了"信号关车门，关门后确认无夹人夹物"好了"信号
6	空隙确认	确认车门与屏蔽门之间无夹人夹物	手指口呼"空隙安全"	√	先确认站务人员显示无夹人夹物"好了"信号，在进入司机室前确认车门与屏蔽门之间无夹人夹物	手指口呼"空隙安全"	√	先确认站务人员显示无夹人夹物"好了"信号，在进入司机室前确认车门与屏蔽门之间无夹人夹物
7	立岗处确认	确认信号开放，道岔位置正确	手指口呼"绿灯好、黄灯好、尖轨开通"	√	在立岗处确认出站信号放行后再进入司机室	手指口呼"绿灯好、黄灯好、尖轨开通"	√	在立岗处确认出站信号放行后再进入司机室

续上表

序号	作业内容	呼唤时机	司机			监控员		
			呼唤用语	手比	备注	呼唤用语	手比	备注
8	动车确认	准备动车前确认信号开放,道岔位置正确	手指口呼:"车门关好,绿灯/黄灯/引导信号好,尖轨开通"	√	等监控员确认完信号后方可动车	手指口呼:"车门关好,绿灯/黄灯/引导信号好,尖轨开通"	√	
9	点击广播	越过出站信号机后	手指口呼"注意报站,下一站××站"	√	司机手动按压系统进行报站	手指口呼"注意报站,下一站××站"	√	监听报站内容
10	区间信号确认	区间信号绿灯/黄灯/引导信号	手指口呼"绿灯/黄灯/引导信号好"	√	越过引导信号记录行调命令内容,退乘填写"行车报告单"	手指口呼"绿灯/黄灯/引导信号好"	√	协助司机记录行调命令内容
		区间信号红灯	手指口呼"红灯停车"	√	(1)遇信号突变时,立即采取紧急措施;(2)停车后做好"临时停车广播",再次动车前做好"二次启动广播"	手指口呼"红灯停车"	√	(1)遇信号突变时,立即采取紧急措施;(2)提醒司机做好广播
		允许越过红灯/灭灯	手指口呼"行调授权越过××信号机"	√	记录行调命令内容,退乘填写"行车报告单"	手指口呼"行调授权越过××信号机"	√	协助司机记录行调命令内容
11	区间道岔确认	道岔前适当位置	手指口呼"尖轨开通"	√		手指口呼"尖轨开通"	√	

续上表

序号	作业内容	呼唤时机	司机			监控员		
			呼唤用语	手比	备 注	呼唤用语	手比	备 注
12	限速确认	限速标前	手指口呼"限速××"	仅NRM模式时呼		手指口呼"限速××"	√	仅NRM模式时呼
13	限速取消	取消限速标前	手指口呼"取消限速标"	仅NRM模式时呼		手指口呼"取消限速"	√	仅NRM模式时呼
14	进站确认	预告标300m前适当位置	手指口呼"预告标"	√		手指口呼"预告标"	√	
		预告标200m前适当位置	手指口呼"200m,报站"	√	注意整速,监听报站,发现错误及时纠正	手指口呼"200m,报站"	√	注意整速,监听报站,发现错误及时纠正
		预告标100m前适当位置	手指口呼"100m"	√		手指口呼"100m"	√	
15	进站对标	站名标前适当位置	(1)口呼"控制速度";(2)手指口呼"对标停车"	√	加强站台线路及屏蔽门瞭望	(1)口呼:"控制速度";(2)手指口呼"对标停车"	√	加强站台线路及屏蔽门瞭望
16	进折返线、存车线	距离尽头线适当距离	手指口呼"红灯停车"	√	司机严格按"三、二、一"车速度运行	手指口呼"红灯停车"	√	
17	出折返线、存车线	出折返线、存车线信号开放	手指口呼"黄灯引导信号好/行调已授权越×信号机红灯/灭灯/发车手信号有"	√	起身确认防护信号开放后,并手指口呼信号机的显示;信号未开放,司机严禁坐司机座椅	手指口呼"黄灯引导信号好/行调已授权越×信号机红灯/灭灯/发车手信号有"	√	确认防护信号开放后,并手指口呼信号机的显示

1. 自动驾驶模式

(1)无人驾驶模式。

(2)自动驾驶模式。

(3)自动折返模式。

2. 常用手动驾驶模式

(1)ATP 监督下的人工驾驶模式。

(2)受限制的人工驾驶模式。

(3)非限制的人工驾驶模式。

(4)洗车模式。

(5)后退模式。

以城市轨道交通某种车型为例,各种驾驶模式的特点及运用如表5-9 所示。

各种驾驶模式的特点及运用　　　　　　　　　　　　　　　　表 5-9

序号	模式	定义	基 本 特 点	运 用
1	ATO	列车自动驾驶模式	自动控制两站间的列车运行,司机监督列车运行状态及通过道岔、信号机等状态,必要时加以人工干预	城市轨道交通正线列车正常运行方式
2	ATB	列车自动折返模式	自动控制列车折返,司机可不在列车上及不加以干预。司机负责操作站台端墙处自动折返按钮	在设有列车自动折返功能的折返站计划采用的方式
3	SM	ATP 监督下的人工驾驶模式	由司机负责手动驾驶列车运行,运行速度受ATP 监控,如超过 ATP 允许速度,则列车自动产生紧急制动而停车	ATO 故障或特殊情况降级运行的方式
4	RM	受限制的人工驾驶模式	由司机负责手动驾驶列车运行,运行速度不能超过25km/h,如超过此允许速度,则列车自动产生紧急制动而停车。司机负责列车运行安全	列车在车辆段运行(试车线除外),或联锁、轨道电路、ATP设备发生故障等情况运行时
5	NRM	非限制的人工驾驶模式	用 ATP 切除钥匙开关后才起作用。必须经过行调批准及登记才能使用,列车运行由司机控制,没有限制速度监督	

六、行车凭证

以城市轨道交通某运营分公司为例,各种情况下行车凭证如表5-10 所示。

行 车 凭 证 表　　　　　　　　　　　　　　表 5-10

序号	行车组织方法	车辆模式	司机驾驶模式	行 车 凭 证	备　注
1	移动闭塞	ATO/ATP	ATO/ATP	车载信号目标点和速度码	
2	点式 ATP 固定闭塞	点式 ATP	点式 ATP	地面信号机显示的进行信号	
3	联锁固定闭塞	NRM	NRM	地面信号机显示的进行信号	
4	电话闭塞	NRM	NRM	路票	使用发车手信号发车
5	信号设备故障使用引导信号时	RM	RM	地面信号机显示(红＋黄灯)	
6	封锁区间救援			调度命令	

【实训模块】

一、实训准备

（1）具备模拟驾驶设备。

（2）具备地铁运用沙盘设备。

（3）具备 ATS 显示屏设备。

二、确认行车技术设备

在模拟驾驶运行视景中及行车沙盘上识认列车运行区段各种进路及行车设备、地面有关参照物,逐渐熟悉操作训练区段上、下行线路行车设备基本情况并反复确认练习,正确使用。

（1）限界:不间断瞭望、确认运行进路上是否有人、物侵入限界。若有异状,及时采取果断措施。

（2）线路:看懂轨道基本结构及正常状态。确认并逐渐熟悉正线、联络线、停车线经路、纵断面及曲线基本情况。熟悉尽头线、挡车器等线路设备。

（3）道岔:看懂单开道岔基本结构、开通方向及常见不良状态。练习确认单开道岔、渡线道岔、交叉道岔开通进路。如图 5-40、图 5-41 所示。

图 5-40　单开道岔

图 5-41　交叉道岔

（4）信号机（图5-42）、发车表示器［图5-28a）］、发车指示器（图5-54）、限速牌（图5-32）、鸣笛标（图5-34）、预告标（图5-35）、站界（站名）标（图5-36）、车站、站台、屏蔽门、安全门、停车标（图5-47）等轨旁设备设置位置的确认及熟悉。

图5-42　信号机

三、各种信号确认、运用练习

（1）固定信号、移动信号、各种手信号确认方法及正确执行。

（2）信号标志、信号表示器、线路标志确认、使用练习。确认方法及正确执行。

（3）听觉信号鸣示方法、使用时机运用练习。

信号显示（鸣示）方式及意义，参见项目五，正线驾驶作业任务二 区间运行中【理论模块】三、信号显示内容。

四、行车凭证确认练习

（1）地面固定信号、手信号确认、执行练习。

（2）车载速度码、目标距离信号确认、执行练习。

（3）书面凭证确认、执行练习。

①调度命令：熟悉调度命令常用格式、用语。理解调度命令内容和行车办法。确认调度命令后能口述基本内容。调度命令格式参见表8-1及表8-7。

②路票的确认及使用。路票格式参见表8-2。

五、呼唤应答、联控及调度简语练习

（1）手指口述（口呼）运用练习。

（2）呼唤应答、手比运用练习。呼唤应答标准用语如表5-8所示。

六、正线驾驶、运行操作

1. 接车程序及驾驶台一般检查

（1）报告个人信息，请求开始实作。

（2）确认驾驶台有无"禁动标志"，驾驶台整体外观无异状。模拟驾驶台设备如图5-43所示。

图5-43　模拟驾驶台设备

（3）驾驶台一般检查：按表4-4，驾驶室检查项目要求进行检查，检查完毕进行报告。

2. 接车后开车准备操作方法

（1）操作要求

①操作前，模拟驾驶台设备应处于一般检查标准状态。

②按程序、方法操作，特别是有联锁关系、因果关系的程序、步骤不能颠倒。

③口述、操作、确认协调同步进行。

（2）操作程序、方法

①将主控钥匙开关置于"接通"位，戴好耳机。

②口呼：升弓注意，按规定鸣笛，按压"受电弓"绿色按钮，升起受电弓。确认"受电弓"按钮亮灯情况及线电压数值。

③按压"主断路器"绿色按钮，闭合主断路器，确认"主断路器"按钮亮灯情况。

④按压"停放制动"绿色按钮，缓解停放制动，确认"停放制动"按钮亮灯情况。

⑤将"驾驶模式选择"转换开关，转至"PM"位，确认"ATC"显示屏上驾驶模式。

⑥将方向开关置于"向前"位。

⑦将主控手柄拉至常用制动区（司机主控制器如图4-17所示）。

⑧列车始发站台进行开、关车门作业及确认（口述、呼唤）。

⑨开车前进行手指口呼三确认：关门灯亮（所有车门关闭绿色指示灯亮）、有速度码、出站信号绿灯好了（有发车表示器的一并确认），如图5-44、图5-45所示。

图5-44　出站信号确认　　　　图5-45　速度码确认

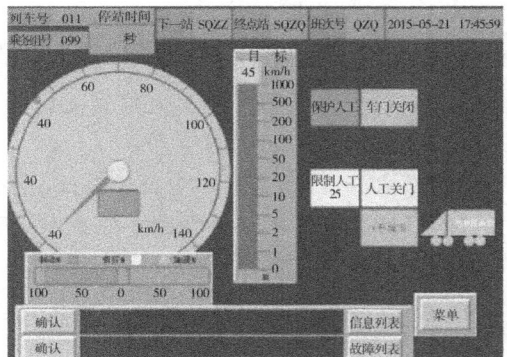

3. 列车正线操作

（1）主控制器手柄操作原则

操作司机主控制器手柄进行牵引、制动时应逐级进行，做到平稳操作。

①牵引操作：严禁由制动级位直接转换至牵引级位。控制手柄由制动级位置于"0"位后稍作停顿，再置于牵引区低级位且放置时间不宜过长，严禁直接置于牵引高级位。

②制动操作：严禁由牵引级位直接转换至制动级位。控制手柄由牵引级位置于"0"位后稍作停顿，再置于常用制动区，严禁直接置于常用制动高级位。非紧急情况时不允许将手柄置于快速制动位。

（2）列车运行操作

①按规定鸣笛、握紧警惕按钮，将司机主控制器手柄置于"牵引"区起动列车。做到起车稳、加速快，规范操纵，按图行车。

②起动列车后，注意监听、确认客室自动报站广播，防止漏播和错播，如有错漏，及时进行人工补播和自动报站更正设置。

③列车在运行中，切实做到"车动集中看，瞭望不间断"，密切关注与确认区间和车站站

台的情况、动态。加强对信号(车站出站信号、区间防护信号等)、线路、道岔、进路、接触网、轨旁设备的瞭望、确认(区间防护信号及道岔确认如图5-46所示)。严禁中断瞭望、闲谈以及做与行车无关的事情。

④列车行驶过程中,驾驶员眼睛应注视前方。用眼睛余光观察操纵台司机显示器及各仪表的显示状态、注意广播语音等有关信息,及时、准确操作。

⑤操纵驾驶列车时的姿势、动作,手比、呼唤应答标准:

图5-46　区间防护信号及道岔确认

a. 运行中挺胸正直坐在司机座椅上,左手放在鸣笛按钮附近,右手放在主控制器手柄上,司机驾驶姿势如图5-37所示。

b. 站台上作业时,挺胸立正、精神饱满,动作、步伐规范。

c. 手比要求:

手臂:伸直、有力。

拢拳:自然、有力。

手掌:五指并拢、伸直。

手指:食指和中指手指并拢伸直、指向目标,视线追随指示方向。

手比时,手臂、手指应保持1~2s停顿。

d. 呼唤应答、口述:必须做到声音清晰、时机准确,眼看、手比(指)、口呼同步。

e. 在操作、驾驶时,左手进行手比,右手操作以下部件:司机主控钥匙,司机主控制器手柄,方向开关,开、关右车门按钮,右侧紧急制动按钮。其余均为左手操作。

f. 操作按钮,不得使用大拇指触摸屏幕。

⑥在操纵过程中注意警惕按钮的正确使用,防止自动触发紧急制动停车。

⑦严守速度要求,不超过ATP限速。避免触发超速紧急制动。

⑧进站前要密切注意站界、站内情况,观察列车距离、速度,及时采取调速措施,正确操纵,保证行车安全。

⑨列车进站停车时,应平稳操纵,采用点式速度控制法分段控制好列车速度。主控手柄在常用制动区调节对标停车。严禁急剧增加或减少制动级位。非紧急情况下,不得使用紧急(快速)制动位及紧急停车按钮施加紧急制动停车。

点式速度控制一般应掌握为:进站站界标处50~55km/h,站台头部35~40km/h,站台中部25km/h左右,接近停车牌处5~10km/h。站界标如图5-47所示。

对标允许误差值:五级、四级、三级标准,分别不得超过±1.5m、±1.0m、±0.5m。

对标点:驾驶员侧窗(或肩膀)对"停车位置"标(图5-48、图5-49),切记不要过标。

图5-47　站界标

⑩列车对标停稳后,首先确认主控手柄置于常用制动区,然后及时正确进行开、关车门作业。

图 5-48 "停车位置"标

图 5-49 对标停车显示

4. 交班前恢复驾驶台操作方法

列车停稳,开、关车门作业完毕后,做好以下检查、恢复设备操作:

(1)将驾驶模式选为"OFF"。

(2)将主控制器手柄置于"0"位。

(3)将方向开关置于"0"位。

(4)施加停放制动。

(5)进行降弓操作及确认。

(6)挂好耳机。

(7)将 ATC 切换至主"菜单"。

(8)将主控钥匙开关置于"关"位并取下。

(9)将继电器柜的"车辆激活"开关置于关断位。

(10)报告:正线运行实作结束,设备正常、安全无事。

七、实训进度及要求

实训进度及要求如表 5-11 所示。

实训进度及要求   表 5-11

序号	阶段计划	学习实训内容及要求	实训级别	备注
1	体验、入门	主要练习正确操作使用方法	初级	
2	基本功训练	严格进行正线驾驶各单项操作技能训练,落实标准化、规范化。以练习列车运行速度控制技能为重点,其中,对标停车误差逐步达到 ±1.5m 及以内	五级	
3	巩固、提高	以操作技能提高、达标及心理素质适应性训练为主,确保练就的操作技术正常稳定发挥。其中,对标停车误差达到 ±1.0m 及以内	四级	

续上表

序号	阶段计划	学习实训内容及要求	实训级别	备注
4	综合训练	一次乘务作业标准化操作技能、心理素质训练。其中，对标停车误差达到 ±0.5m 及以内	三级	
5	技能考试	完成相应的考前训练及技能考试		

注：教学"阶段实训计划"通过"日进度计划"落实到每一天。

八、实训记录、总结及评定

1. 记录

（1）学员及时在实训手册上填写模拟驾驶实训目的、实训课题计划及每日实训任务、要求，并领会、熟悉。

（2）在实训练习过程中，将实训学习、练习的过程、结果及时记载到实训手册中，并简要分析。

2. 总结

学员根据实训手册中实训目的、每日实训任务、实训记载进行总结。

3. 评定

教师根据实训情况及制定考核标准进行考核的结果进行客观评定。

任务三　站台作业

【理论模块】

一、开、关客室车门，屏蔽门条件

（1）按照列车运行图计划确定需开、关客室车门载客的车站站台，司机严格按规定进行开、关客室车门操作。

（2）列车停车对标误差在 ATP 控制的可开门误差范围内。

（3）非站台区域需开门必须经行调许可。

站台作业站立标准

二、客室车门、屏蔽门操作规定

（1）ATO 模式时，如客室车门及屏蔽门能实现联动功能时，客车到站停车后，自动打开客室车门和屏蔽门，司机迅速打开驾驶室门，立正立岗观察乘客上下车情况，监视屏蔽门和客室车门的开关状态。

（2）如客室车门及屏蔽门不能实现联动功能时，一般按同步打开客室车门/屏蔽门，先关闭屏蔽门，后关闭客室门的顺序操作（或按公司规定执行），门控按钮如图5-50所示。

屏蔽门操作如下：

①开门。将"PSL 使能"钥匙打到"使能"位置，将"PSL 操作"钥匙打到"开门"位，站台门打开。PSL 操作盘如图 5-51 所示。

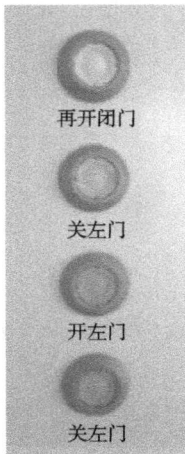

图 5-50　门控按钮

图 5-51　PSL 操作盘

②关门。将"PSL 使能"钥匙打到"使能"位置，将"PSL 操作"钥匙打到"关门"位，站台门关闭后，再将"PSL 使能"钥匙从"使能"打到"复位"位置。

③互锁解除。将"PSL 使能"钥匙打到"使能"位置，再将互锁解除钥匙打到"互锁解除"位置。

（3）两人值乘时，按监控员（学员）、司机的顺序走出驾驶室；关闭客室车门及屏蔽门后，按司机、学员/监控员的顺序进入驾驶室，最后进入驾驶室的负责关闭驾驶室侧门。

（4）人工开关客室车门及屏蔽门时，必须严格执行"一确认，二呼唤，跨半步，再开门"的作业程序。按压开/关门按钮时须保持 1～2s 的时间，以保证车门开关功能正常。

（5）车门打开后，司机在站台规定位置立正立岗，手指口呼确认所有客室车门、屏蔽门打开后，面向站台，观察乘客上、下车情况。

（6）乘客上下车完毕，根据 DTI 显示的时间及时关闭客室车门及屏蔽门。站台 DTI 显示15s 时，司机关车门。如无 DTI 显示时，则根据"运营时刻表"规定的停站时分及行调命令关闭客室车门和屏蔽门。

（7）关闭客室车门、屏蔽门时，司机面向并注意屏蔽门、客室车门空隙。关左门时，左脚踏在驾驶室，右手操作关门按钮。关右门时，右脚踏在驾驶室，左手操作关门按钮。

图 5-52　司机确认缝隙安全黄灯串显示图

（8）屏蔽门、客室车门关好后，司机确认无夹人夹物，空隙安全（通过确认黄灯串显示连续完整，如图 5-52 所示），安全线内无人，站台"好了"手信号及动车凭证后，方可进入驾驶室，凭车载或地面信号显示的进行信号开车。

手指口呼开、关门作业如图 5-53 所示。DTI 时间显示状态如图 5-54 所示。

图 5-53　开关门确认

图 5-54　DTI 显示图

三、站台作业有关安全注意事项

（1）站台门故障或信号与站台门接口故障的处理（客车在进入/离开车站时或因站台门故障在站台区收不到速度码的处理规定）。

①当客车在进入车站站台区前停车时，报告行调及车站，司机按行调的命令并确认运行前方的站台区轨道空闲后，以 RM 模式进站对标停车（或由行调通知车站前往站台，在 PSL 上操作"站台门互锁解除"开关后，司机收到速度码进站对标）。上、下乘客完毕，关好站台门、客室门后收不到速度码时，司机在 PSL 上打"站台门互锁解除"开关，收到速度码后以 AM 模式驾驶，如收不到速度码，按行调的命令以 RM 或 RMF 模式动车，故障恢复后站务人员在 PSL 上恢复"站台门互锁解除"开关。

②当客车在车站关好站台门、客室门后，收不到速度码时，司机立即报告行调，并在 PSL 上打"站台门互锁解除"开关，收到速度码后以 AM 模式驾驶，如收不到速度码按行调的命令，以 RM 或 RMF 模式动车。

③当列车出站后忽然停车收不到速度码时，司机立即报告行调，行调通知车站在 PSL 上打"站台门互锁解除"开关，司机收到速度码后以 AM 模式驾驶，如收不到速度码则按行调的命令以 RM 或 RMF 模式动车。

（2）IATP 模式，后备行车模式。采用 CM 模式驾驶，司机需注意 TOD 上无目标距离，途中运行应加强对信号机的确认，进站对标适当控制好速度，站台开关门作业时加强对站台门的监控，动车前及时确认 TOD 上站台门已关闭的信息。

案例：

某日中午，××次列车在××站停车后，司机忙于去取预定午饭，未进行开关门作业。取饭回来，司机观察站台乘客稀少，错误认为已进行了开关门作业，随即启动列车离站。列车到达下一站停车后，行调通知司机，上一站未进行开关门作业，造成客运服务不良事件和不良影响。

开、关门作业标准

![实训模块图标] 【实训模块】

一、实训准备

(1)具备带客室及电动车门的模拟驾驶设备。

(2)具备站台屏蔽门设备。

(3)具备站台 PSL 操作盘设备。

(4)准备信号设备、用具。

二、站台作业实训演练

(1)模拟监控员(学员)、司机、乘客、站务人员等站台作业演练人员分别到位,按站台标准化作业要求进行开、关客室车门、屏蔽门操作演练。

图 5-55 车门开启

(2)列车进站停稳后,司机应及时上站台进行站台作业。两人值乘时按监控员(学员)、司机的顺序进、出驾驶室。

(3)司机上站台后,确认开门灯亮,手指车门,口呼"开左(右)门",按压开左(右)门按钮,打开相应侧车门,并和站台站务人员一起监控车门开启情况。

(4)车门开启到位,手指口呼"注意乘客上下",与站台站务人员一起监控乘客上下车情况,如图 5-55 所示。

(5)待乘客上下车完毕,DTI 倒计时到点,口呼"关左(右)门",按压关左(右)门按钮,并和站台站务人员一起监控车门关闭情况。

(6)车门关闭到位,确认无夹人夹物,手指口呼"车门关好,无夹人夹物",如图 5-56 所示。

(7)司机跨站在驾驶室和站台上,确认黄灯串显示连续完整,手指口呼"缝隙安全",如图 5-57 所示。之后回到站台位置确认安全线内无人,手指口呼"安全线内无人"。

图 5-56 车门关闭

图 5-57 确认缝隙安全

(8)司机手指口呼确认"好了"信号,上车确认关门灯亮绿灯,司机显示屏上车门全关闭,确认行车凭证后按规定开车。

三、实训记录、总结及评定

1. 记录

（1）学员及时在实训手册上填写站台作业实训目的、每日实训任务、要求并领会、熟悉。

（2）在实训练习过程中，将实训学习、练习的过程、结果及时记载到实训手册中，并简要分析。

2. 总结

学员根据实训手册中实训目的、每日实训任务、实训记载进行总结。

3. 评定

教师根据实训情况进行客观评定。

任务四　列　车　广　播

【理论模块】

一、列车广播系统相关知识

（1）人工广播时应使用普通话，口齿清楚，语调平和，叙述内容清楚明了。

（2）列车在信号系统正常情况下，列车广播系统应采用"自动"报站或"半自动"报站（故障除外）；列车在 URM 模式下运行，广播系统应采用"半自动"或"手动"广播模式。当自动广播故障不能正常播音时，司机可按照自动、半自动、手动、人工广播的优先级别，进行相应的报站。司机在两端终点站折返作业完后，注意留意车次，司机在动车过程中，注意监听报站，若出现报站错误，采用人工报站。

（3）报站有三种模式：自动报站、半自动报站、手动报站。模式的切换和设置必须是在列车停止和开门的状态下才可以操作。

（4）出库前司机唤醒列车，各个系统进入自检，转钥匙激活驾驶室，自检完毕后，司机检查 PIS/LCD/CCTV 状态。

二、自动广播设置

自动广播设置如表 5-12 所示。

自动广播设置表　　　　　　　　　　　　　　　　表 5-12

工作步骤	工作内容和要求
自动报站	
设置要求	司机将列车开到起始站台上，在微机监控显示器上点击"广播系统"，设置报站模式为"自动"
检查内容	检查报站模式为"自动"，"下一站站名"和"终点站站名"显示正确，当前模式为 ATO/ATP 模式
半自动报站	
设置要求	列车停在起始站台上，开门，点"广播系统"界面，选择"半自动"，然后选择"向上"或"向下"翻页按键，然后选择起始站站名，点"开始"，选择终点站站名，点"目的地"，然后关门，点"出发"

续上表

工作步骤	工作内容和要求
	半自动报站
跳站操作	如需跳站,按下"跳站"按钮,会弹出跳站选择界面,司机可以通过弹出的窗口中选择跳站。可以通过向上和向下箭头选择站点,按下"确认"按钮确认跳站,或按下"退出"按钮,取消选择
	手动报站
始发站台设置	列车停在起始站台上,开门,点"广播系统"界面,选择"手动",然后选择"向上"或"向下",然后选择起始站站名,点"开始",选择终点站站名,点"目的地",选择下一站站名,点"下一站",然后关门
途中操作	手动报站时,司机可以手动选择下一站站点信息,在列车开起后,点击"开始"按钮,播放离站广播,当列车开到一定距离后,点击"预告"按钮,播放下一站广播,当列车快要到站时,点击"到站"按钮,播放到站广播
到站设置	列车到站后,开门。等乘客上车后,关门,在微机监控显示器上选择下一站站名,点"下一站",开车。以此类推,直到终点站

三、人工广播标准用语

人工广播标准用语如表5-13所示。

人工广播标准用语表   表5-13

应急情况		广播内容	播报要求
司机人工广播	中间站	前方到站××站,需要下车的乘客,请做好准备	×列车从车站启动后,播1遍
	终点站	终点站××站到了,请乘客带好物品,全部下车	×列车进站前,播1遍
	终点站	终点站××站到了,请从列车前进方向右侧车门下车	×列车正常进站,播1遍
	终点站	终点站××站到了,请从列车前进方向左侧车门下车	×行调通知采用站前折返方式,播1遍
	中间站	各位乘客,××站到了	×列车进站前,播2遍

四、列车临时和应急信息广播内容及方式

列车临时和应急信息广播内容及方式如表5-14所示。

列车临时及应急广播内容及方式表   表5-14

应急情况		广播内容	广播要求
列车临时停车	临时停车≤5min时	各位乘客,现在是临时停车	故障列车,司机根据实际情况发布故障信息;其他受影响的列车,司机按OCC提供的信息发布相应故障信息。接到行调发布的信息及更新信息后,播2遍
	区间临时停车>5min时	各位乘客,因××故障,现在是临时停车,预计停车等待××分钟	
	站台停车等待>5min且≤10min时		

应　急　情　况		广　播　内　容	广　播　要　求
列车清客	列车在站清客	各位乘客请注意,本次列车将退出服务,请乘客全部下车	故障列车,司机根据实际情况发布故障信息;其他受影响的列车,司机按OCC提供的信息发布相应故障信息。接到行调发布的信息及更新信息后,播2遍
	列车在区间清客	各位乘客请注意,本次列车将退出服务,请听从工作人员的指挥下车,下车时注意您的安全	
	其他列车在站清客	各位乘客请注意,由于××故障,请全体乘客在××站下车	
跳停	不停站通过	各位乘客请注意,由于运营调整(××故障),本次列车将不停站通过××站,请到××站的乘客提前下车	列车在需要乘客提前下车站前一站动车前播2遍
长时间停车	在站停车>10min时	各位乘客,因××原因,列车发生延误,预计停车等待××分钟,有急事的乘客,请改乘其他交通工具	接到行调延迟时间大于10min延迟信息后,播2遍
限速	限速运行	各位乘客,现在是限速运行	行调发布要求做限速广播命令后播2遍
疏散乘客	列车发生险情需要两端疏散	各位乘客请注意,由于发生险情,请依照指示进入驾驶室并打开疏散门离开列车,步行前往车站,请注意安全	按OCC发布的信息。至少播报2遍,根据实际疏散情况掌握多播遍数
	列车发生险情需要后端疏散	各位乘客请注意,由于发生险情,请依照指示进入列车尾部驾驶室并打开疏散门离开列车,步行前往车站,请注意安全	
	列车发生险情需要前端疏散	各位乘客请注意,由于发生险情,请依照指示进入列车头部驾驶室并打开疏散门离开列车,步行前往车站,请注意安全	
开错门	发生错开门	列车车门错开,请不要靠近	发现错开门第一时间广播
救援	区间故障救援	各位乘客,由于临时故障,请您耐心等候,请勿触动车上的设备,请勿靠近车门	连续播放,直至救援动车
事故	列车轧人	乘客们,现在是临时停车,请耐心等候	播2遍
再启动	列车再次启动	各位乘客请注意,列车将再次启动,请坐好扶稳,请勿扶靠车门	带客救援,故障车启动前
触发紧急	运行中车门解锁	各位乘客,因有乘客触发紧急开关造成临时停车,请触发紧急开关的乘客及时恢复,谢谢您的配合	发现故障后第一时间播2遍

续上表

应 急 情 况		广 播 内 容	广 播 要 求
火警	车厢火警广播	各位乘客请注意,车厢内发生火情,请您保持镇定,取出座位底下的灭火器扑灭火源,请勿触动列车上的其他设备,工作人员将马上到现场处理	发生火灾后第一时间播2遍
非正常交路运营情况人工广播词(司机根据中心通知自主广播)			
1	列车从 X 到 Y 小交路运行(不需要设置列车广播)	本次列车终点站 Y 站,请需要前往 YY 站(运行方向线路终点站)的乘客在 Y 站下车换乘	X 站出发,播1遍
		本次列车终点站 Y 站,请需要前往 YY 站(运行方向线路终点站)的乘客在 Y 站下车换乘	中间站出发,播1遍
		前方到达终点站 Y 站,请乘客们全部下车	到达 Y 站前,播1遍
		前方到达终点站 Y 站,请乘客从右侧车门全部下车	反向运行到达 Y 站前,播1遍
		因列车换端,开门稍有延迟,请耐心等候	到达 Y 站,播1遍
2	列车从 Y 到 X 小交路运行(不需要设置列车广播)	本次列车终点站 X 站,请前往 XX 站(运行方向线路终点站)的乘客在 X 站换乘	Y 站出发,播1遍
		本次列车终点站 X 站,请需要前往 XX 站(运行方向线路终点站)的乘客在 X 站下车换乘	中间站出发,播1遍
		前方到达终点站 X 站,请乘客们全部下车	到达 X 站前,播1遍
		前方到达终点站 X 站,请乘客从左侧车门全部下车	反向运行到达 X 站前,播1遍
		因列车换端,开门稍有延迟,请耐心等候	到达 X 站,播1遍
3	列车从 XX/YY 到 X/Y 运行(不需要设置列车广播)	本次列车终点站 X/Y 站,请需要前往 YY/XX 站的乘客在 X/Y 站下车后换乘	各站出发,播1遍
		前方到达终点站 X/Y 站,请乘客从左/右侧车门全部下车	到达 X/Y 站前,播1遍
		因列车换端,开门稍有延迟,请耐心等候	到达 X/Y 站,播1遍

【实训模块】

一、实训准备

具备模拟驾驶设备。

二、列车广播三种模式切换和设置练习

（1）自动报站设置练习。

（2）半自动报站切换和设置练习。

（3）手动报站切换和设置练习。

三、自动广播报站监听、纠错、调整练习

（1）注意监听广播报站，若出现报站错误，及时进行人工报站纠错练习，并适时调整、修正自动广播报站练习。

（2）列车跳站，广播报站调整操作练习。

四、列车运营人工广播练习

（1）人工广播用语内容叙述、表达练习。

（2）人工广播语音、语调、用语标准化练习。

五、实训记录、总结及评定

1. 记录

（1）学员及时在实训手册上填写列车广播实训目的、每日实训任务、要求，并领会、熟悉。

（2）在实训练习过程中，将实训学习、练习的过程、结果及时记载到实训手册中，并简要分析。

2. 总结

学员根据实训手册中实训目的、每日实训任务、实训记载进行总结。

3. 评定

教师根据实训情况进行客观评定。

复习与思考

1. 巡道作业目的是什么？

2. 通过学习、实训，能看懂巡道及首班车计划；能按照巡道行车组织及计划进行模拟巡道作业。

3. 何谓限界？明确并归纳机车车辆限界和建筑限界概念。

4. 按用途不同，城市轨道交通线路分为哪几类？

5. 分别说明城市轨道交通辅助线、车场线各包括哪些线路并了解各种线路主要用途。

6. 简述地面信号机设置原则。

7. 明确并简述轨道电路、计轴器设备的基本原理及在行车控制中的作用。

8. 分别简述信号、联锁、闭塞设备概念及作用。

9. 简述自动闭塞、准移动闭塞、移动闭塞设备特点及控制原理。

10. 简述移动闭塞的基本要素并分别说明。

11.熟悉行车指挥执行层次图,分层写出其中主要调度及值班(作业)岗位职名。

12.遇哪些情况,须发布书面调度命令?遇哪些情况,须发布口头命令?

13.简述视觉信号的基本颜色及意义。

14.熟知城市轨道交通固定信号显示方式及意义。

15.熟知城市轨道交通手信号显示方式及意义,通过实作练习,能熟练进行常用手信号的显示与执行模拟演练。

16.熟知城市轨道交通行车听觉信号鸣示方式及意义。

17.熟知信号表示器及信号标志显示方式及意义。

18.列车运行中须认真执行"十六字令"的具体内容是什么?

19.行车中,乘务员相互监督,做好行车"三控"的具体内容及目的是什么?

20.能看懂列车操纵示意图,在实训中,能参照操纵示意图进行列车运行速度控制并正确规范操纵列车平稳、正点运行。

21.简述列车运行时,调速及对标停车作业中制动手柄操作原则及方法。

22.通过学与练,你是否已逐渐熟悉各类行车设备?实训中,能在行车沙盘及模拟驾驶运行区段视景中认真确认列车进路上信号、线路、道岔等行车设备及地面有关参照物,做到规范、合理操纵列车运行。

23.通过学与练,是否已熟悉正线呼唤应答标准并在模拟驾驶实训中认真执行呼唤应答及手比制度?

24.对常用手动驾驶模式基本特点及运用要求是否已明确?在实训操作中,你所练习的驾驶模式是否已能正确、熟练运用?

25.简述调度命令、路票确认、复诵内容及使用时机、要求。

26.是否已熟悉各种情况下行车凭证内容及使用时机?在实训中是否能配合进行行车凭证确认、复诵与执行演练?

27.通过学习实训,能以手指口呼的方式规范地进行站台作业模拟操作和确认演练。

28.列车广播报站主要有哪三种模式?

29.经过学习实训,是否能按要求进行列车广播报站模式切换和设置操作?在特殊情况下,能否按要求进行应急人工广播?

30.经过模拟驾驶学习实训,操纵列车的方法是否正确?速度控制是否准确?停车对标误差是否逐渐达到训练及考试要求?

31.通过模拟驾驶实训,谈谈你在操作技能、安全意识、驾驶作风和心理素质等几方面的收获、体会及存在的不足。

32.经过联网仿真追踪运行操作实训,你对城市轨道交通行车组织及列车安全正点运行方面有哪些体会?受到什么启发和教育?

项目六　折返作业

【学习目的】

　　1.熟悉不同折返方式所使用的折返设备。能正确、熟练进行折返信号、道岔、进路的确认。

　　2.掌握终点站、中间站折返,站前、站后折返到达司机、接班司机作业程序。

　　3.通过练习,熟练掌握人工折返正确操作方法、步骤。了解和熟悉自动折返操作方法、步骤。

　　4.进入尽头线,严格控制速度及准确对标(杆)停车练习。

　　5.到达司机、接班司机能配合协调进行标准化作业。

任务一　终点站折返

【理论模块】

一、概念

　　城市轨道列车于某一方向运行到达终点站(或折返站)站台后,经过折返线或折返道岔进行转线、换端,将列车转为另一运行方向的起点站站台,准备继续运行的作业过程称为折返作业。

　　按渡线道岔布置不同,终点站折返分为站前折返和站后折返线折返两种形式,如图6-1所示为站前折返设备布置图,如图6-2所示为站后折返线折返设备布置图。

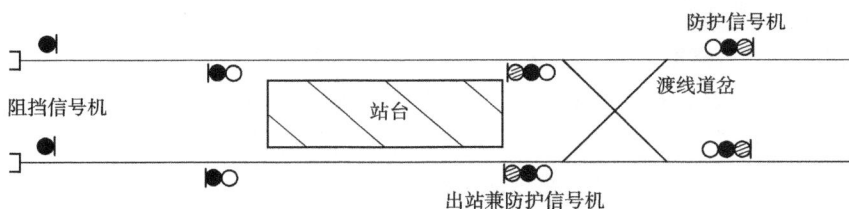

图6-1　站前折返设备布置图

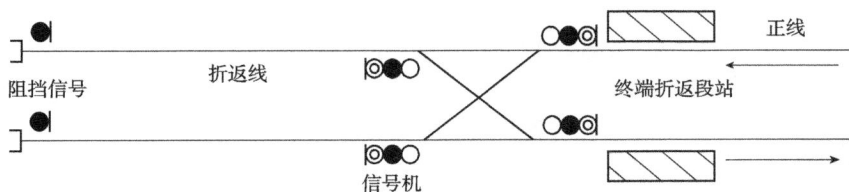

图6-2　站后折返线折返设备布置图

二、折返线设施设备

1. 线路

折返线、停车线，如图 6-3 所示。

2. 道岔

折返道岔：折返线道岔，如图 6-3 所示。

3. 信号机

包括防护信号机、调车信号机、阻挡信号机，如图 6-4 所示。

4. 车挡

车挡（挡车器），如图 6-4 所示。

图 6-3　折返线线路、道岔图

图 6-4　折返线挡车器、阻挡信号机图

5. 自动折返操作盘 DTRO

自动折返操作盘 DTRO 如图 6-6 所示。

三、终点站列车自动折返

1. 终点站列车自动折返作业程序及内容

（1）到达司机

①列车到达终点站后确认车门、屏蔽门开启，打开操纵端通道门进行人工广播清客；确认接车司机上车后，与接车司机交接列车车次、技术状态、行调命令及线路状况等安全事项（如交接内容较多，影响折返时间时，暂使用数字对讲机进行交接）。

②确认清客"好了"手信号后，先关闭屏蔽门，确认折返信号开放后再关车门，按压自动折返按钮（图 6-5）、确认折返图标，将主控手柄与方向手柄回"0"位，关闭列车头灯、驾驶室照明，带齐行车备品，关钥匙，下车，锁好驾驶室侧门。

③操作站台的 DTRO（钥匙）进行自动折返，如图 6-6 所示。

④如交接内容较多，影响折返时间时，折返动车后，用对讲机进行列车车次、列车技术状态、行调命令、线路状况及安全事项等交接。

（2）接车司机

①在站台头端提前 2min 立岗接车，列车停稳后从客室经通道门进入驾驶室，与到达司机进行交接。

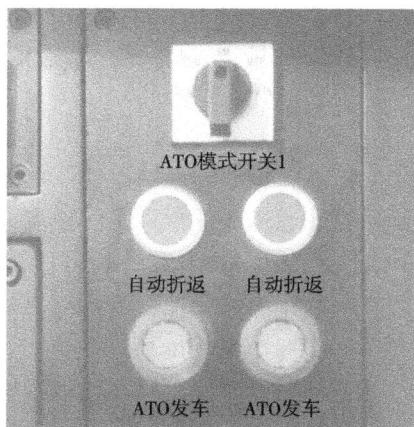

图 6-5 司机操作台自动折返按钮

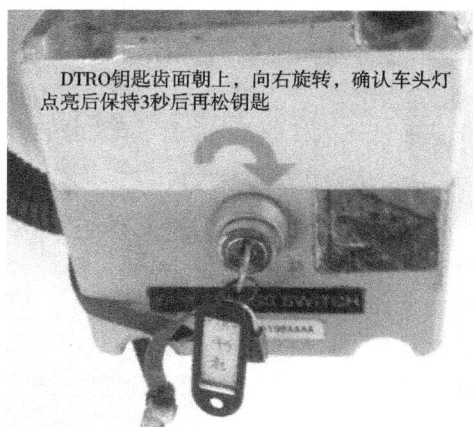

图 6-6 自动折返操作盘 DTRO

②交接完毕后执行接车"五步骤"操作：

a. 门选向开关"0"位。

b. 空压机控制置于自动位。

c. 门模式选择正确。

d. 列车预选模式正确。

e. 各开关位置正确及 ATP 合位。

自动折返交接班

③待列车自动折返至上/下行站台开门后,激活司机驾驶台,进行站台作业,待乘客上车后按照时刻表发车。

2. 终点站列车自动折返作业交、接班司机联控用语

终点站列车自动折返作业交、接班司机联控用语如表 6-1 所示。

终点站列车自动折返作业交、接班司机联控用语   表 6-1

联控时机	到达司机	接车司机	备 注
列车到达站台中部	②接车司机已就位,明白	①接车司机已就位	接车司机提前 2min 到指定的位置立岗接车
列车停稳客室开门后	②接车司机已上车,收到	①接车司机已上车	
两名司机交接完毕时	①设备正常,安全无事	②设备正常,安全无事,明白	
关门后操作折返按钮	①自动折返	②自动折返,明白	
关驾驶室侧门下车	①DTRO 折返	②DTRO 折返,明白	确认列车动车后方可离开端墙门
折返列车动车后	对讲机交接①车次、技术状态、调度命令、线路状况、安全事项。设备正常,安全无事	对讲机交接②同左设备正常,安全无事,明白	特殊情况下使用

四、终点站列车人工折返

1. 终点站列车人工折返作业程序及内容

（1）到达司机

①列车到达终点站后确认车门、屏蔽门开启，打开操纵端通道门进行人工广播清客。

②接到接车司机上车通知后，确认清客"好了"手信号，监控司机先关屏蔽门，操纵司机确认折返信号开放后再关车门。

③手指口呼，确认动车"五要素"：进路、道岔、信号显示、车门、制动缓解状况。

④将模式选择开关置于 ATP 保护人工模式（或公司规定的模式），限速进入折返线，对标（对杆）停车。

⑤列车进折返线停稳后，将主控手柄与方向手柄回"0"位，头尾转换开关置于"尾"位。

⑥与接车司机交接列车车次、技术状态、行调命令、线路状况及安全事项等。

⑦接到接车司机"可以换端"的通知后进行复诵。将主控钥匙置于关闭位并通知接车司机："已关钥匙，可以换端"。

⑧关列车头灯、驾驶室照明，带齐行车备品锁好通道门并反推，待列车在站台停稳，下车后通知接车司机"到达司机已下车、通道门已锁好"。

（2）接车司机

①接车司机应按所接列车到达时间提前 2min 在相应站台立岗接车，待列车停稳后经通道门进驾驶室并使用对讲机通知接车司机已上车。

②接到"回应"后，确认客室无乘客遗留，锁好通道门，开驾驶室照明后，执行接车"五步骤"操作。具体步骤参见终点站列车自动折返 1－（2）－②内容。

③列车进折返线停稳，收到手柄与方向手柄回"0"位后，与到达司机交接列车车次、列车技术状态、行调命令、线路状况及安全注意事项等。

④确认信号开放，道岔位置正确，通知到达司机"可以换端"，接到到达司机"已关钥匙，可以换端"的通知后进行复诵。

⑤司机将头灯置于远光位，开主控钥匙，头尾转换开关置于"头"位。

⑥手指口呼，确认动车"五要素"：进路、道岔、信号显示、车门、制动缓解状况。

⑦将模式选择开关置于 ATP 保护人工模式（或公司规定的模式），限速进入××站上行/下行站台对标停车。

⑧按站台正常情况下的作业程序操作，接到"到达司机已下车、通道门已锁好"通知并使用对讲机回复，设置好广播，按时刻表发车。

2. 终点站列车人工折返呼唤应答用语

终点站列车人工折返呼唤应答用语如表 6-2 所示。

3. 终点站列车人工折返作业，交、接班司机联控用语

终点站列车人工折返作业，交、接班司机联控用语如表 6-3 所示。

终点站列车人工折返呼唤应答用语 表 6-2

序号	呼唤时机	呼唤用语	备注
1	列车接近道岔区时	确认进路:进路好了。 停车!	进路、道岔位置不正确时,立即停车
2	列车接近道岔时	道岔注意:道岔好了。 道岔开通直股/侧股好了。 道岔定/反位好了。 道岔位置正确。 停车!	道岔位置不正确时,立即停车
3	在车站/折返线动车前,车门 进路、信号、道岔 确认"好了"信号时 制动状况	车门:车门、屏蔽门关好 确认进路:进路好了。 调车信号: 绿(白、黄)灯好了。 道岔:同上。 站台安全门关好灯亮。 "好了信号"有。 制动状况:制动状况好。	
4	在折返线内	出折返线信号开放	手指口呼
5	列车进入尽头线	尽头线注意: 严守速度,注意安全。 阻挡信号:红灯停车!	控制好速度,准备停车
6	列车接进车站时 列车接进站台时	进站注意! (进站预告)	进站预告牌、站界(站名)标处
7	列车接近站台中部时	对标停车!	控制速度,对标停车

终点站列车人工折返作业,交、接班司机联控用语 表 6-3

呼唤应答时机	到达司机	接车司机	备注
列车到达站台中部	②接车司机已就位,明白	①接车司机已就位	接车司机提前 2min 到指定位置立岗接车
列车停稳开门后	②接车司机已上车,收到	①接车司机已上车	
列车在折返线停稳	①主控手柄与方向手柄已回"0"位	②手柄已回"0"位,收到	
两司机交接完毕时	①设备正常,安全无事	②设备正常,安全无事,明白	
折返线交接完毕后	②已关钥匙可以换端	①可以换端,可以关钥匙 ③已关钥匙可以换端收到	确认信号道岔正确
折返到另一站台后	①到达司机已下车、通道门已锁好	②到达司机已下车、通道门已锁好,收到	到达司机反推确认通道门完全锁好

![图标]【实训模块】

一、实训准备

（1）具备带客室及站台屏蔽门的模拟驾驶设备。

（2）具备折返线双向模拟视景。

（3）具备地铁沙盘设备。

二、实训练习组织

（1）每两名学员一组，分别担当到达司机和接车司机，二人配合进行列车人工折返操作及交、接班练习。

（2）完成作业后，二人交换岗位进行折返作业操作练习。

三、终点站列车人工折返操作练习

（1）接车司机提前2min到达指定位置立岗接车，列车到达终点站站台中部，接车司机应通知到达司机："接车司机已就位"，到达司机应及时应答。

（2）列车停稳打开客室车门后，到达司机打开驾驶室通道门确认清客情况，如图4-33所示。

（3）接车司机进入车尾驾驶室并通知到达司机："接车司机已上车"，到达司机应及时应答。

（4）确认清客完毕后，到达司机锁好通道门，关好车门及屏蔽门。

（5）到达司机动车前，逐项进行进路、道岔、信号显示、车门、制动缓解状况"五要素"确认。之后，选择SM模式（或规定的模式）动车进入折返线。动车前，确认信号、道岔，如图6-7所示。

（6）在列车折返作业行进中，司机应认真确认道岔位置，如图6-8所示。接近停车位置时，应严格控制速度，在规定位置对标停车，如图6-9所示。

图6-7　确认进入折返线信号、进路

图6-8　确认折返线道岔

（7）列车在折返线停稳后，到达司机将主控手柄置于"0"位（或规定位置），方向开关置于"0"位。与接车司机进行列车车次、技术状态、行调命令及安全事项等项目交接。

（8）到达司机将钥匙开关置于锁闭位，通知接车司机："已关钥匙，可以换端"。接车司机应答后，将钥匙开关置于接通位，并进行接车基本步骤的操作，完成换端。

（9）换端完成后，接车司机进行动车"五要素"确认（图6-10），选择SM模式（或规定的模式），动车运行至始发站站台，列车运行中应认真确认进路和道岔位置。

（10）列车在站对标停车后，到达司机下车并通知接车司机："通道门已锁好，到达司机已下车"，接车司机应答后，下车进行站台作业。

图6-9　列车进入折返线停稳

图6-10　确认出折返线信号、进路

四、实训记录、总结及评定

1. 记录

（1）学员及时在实训手册上填写终点站折返实训目的、每日实训任务、要求并领会、熟悉。

（2）在实训练习过程中，将实训学习、练习的过程、结果及时记载到实训手册中，并简要分析。

2. 总结

学员根据实训手册中实训目的、每日实训任务、实训记载进行总结。

3. 评定

教师根据实训情况进行主、客观结合评定。

任务二　中间站折返

【理论模块】

一、折返线设施设备

1. 线路设备

折返线、停车线。

2. 道岔

折返道岔、折返线道岔。

3. 信号机

信号机包括防护信号机、调车信号机、阻挡信号机。

图6-11为中间站渡线折返设备布置图，图6-12为中间站折返线折返设备布置图。

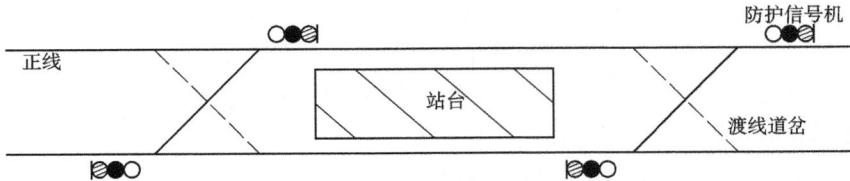

图 6-11　中间站渡线折返设备布置图

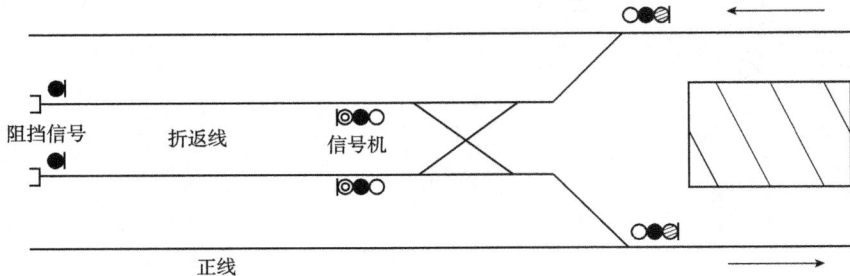

图 6-12　中间站折返线设备布置图

二、中间站列车人工折返

1. 中间站列车人工折返作业内容、程序

中间站列车人工折返作业内容、程序与终点站列车人工折返作业内容、程序相同。

2. 中间站列车人工折返呼唤应答用语

中间站列车人工折返呼唤应答用语与终点站列车人工折返呼唤应答用语相同。

3. 中间站列车人工折返作业,交、接班司机联控用语

中间站列车人工折返作业,交、接班司机联控用语与终点站列车人工折返作业,交、接班司机联控用语相同。

【实训模块】

一、实训准备

(1)具备带客室及电动车门的模拟驾驶设备。

(2)具备站台屏蔽门设备。

(3)具备折返线双向 CGI 模拟视景。

(4)具备行车调度台和车站值班台。

二、中间站人工折返模拟练习

1. 站前折返,到达司机演练内容

(1)列车经站前渡线道岔侧向位置,限速进入改变运行方向后的始发站台对标停车练习。

(2)进行"终点/起点"站台作业练习。

(3)完成站台作业后,关闭主控钥匙,带齐行车用品,及时换端练习。

2. 折返线折返到达司机演练内容

(1)列车到达对标停车练习。

（2）完成"终点"站台作业后，驾驶列车限速进入折返线对标停车练习。

（3）关闭主控钥匙，带齐行车用品，及时换端练习。

（4）确认满足行车条件后，驾驶列车限速驶出折返线，进入起点站台对标停车练习。

（5）完成"起点"站台作业练习。

三、中间站列车换班人工折返作业实训练习

1. 站前折返，到达司机演练内容

（1）列车经站前渡线道岔侧向位置，限速进入改变运行方向后的始发站台对标停车练习。

（2）进行"终点/起点"站台作业练习。

（3）关闭主控钥匙，带齐行车用品，及时至换端驾驶室进行交接班练习。

2. 站前折返，接车司机演练内容

（1）提前到达始发站台驾驶室处等候。

（2）与到达司机进行对口交接班练习。

（3）完成站台作业后，关闭客室车门、站台门，做好开车准备。

3. 折返线折返实训练习

参见任务一、终点站折返中(一)列车人工折返操作练习。

四、实训记录、总结及评定

1. 记录

（1）学员及时在实训手册上填写模拟驾驶折返作业实训目的、每日实训任务、要求并领会、熟悉。

（2）在实训练习过程中，将实训学习、练习的过程、结果及时记载到实训手册中，并简要分析。

2. 总结

学员根据实训手册中实训目的、每日实训任务、实训记载进行总结。

3. 评定

教师根据实训情况进行主、客观结合评定。

复习与思考

- -

1. 按渡线道岔布置不同，终点站折返有哪两种形式？画出示意图并简要说明。

2. 简述终点站列车人工折返，到达司机作业程序及内容。

3. 终点站列车人工折返，接车司机执行接车"五步骤"具体内容是什么？

4. 列车人工折返作业中，司机须手指口呼，确认动车"五要素"的内容有哪些？

5. 通过学习，熟悉列车人工折返呼唤应答标准并在模拟折返实训中认真执行呼唤应答及手比制度。

6. 终点站列车人工折返模拟实训作业中，认真进行标准化作业及交、接班司机联控用语配合演练，直至能熟练运用。

项目七　车辆段(停车场)内调车作业及列车调试作业

【学习目的】

1. 熟悉车辆段(停车场)调车作业设备及常用调车进路,能正确、熟练进行调车信号、道岔、进路的确认。

2. 明确车辆段(停车场)及库内调车作业有关规定。

3. 能看懂调车作业计划通知单,理解含义。

4. 熟练掌握调车作业手信号显示方法及含义,能正确显示手信号、正确使用无线手台指挥调车作业。

5. 按调车作业计划、信号显示及速度控制要求正确进行调车作业练习,直至正确、熟练。

6. 明确在正线、车辆段试车线进行调试作业安全注意事项。

7. 能按调试项目要求进行调试运行操作练习,完成调试任务。

8. 能按程序和要求进行洗车作业操作练习。

任务一　车辆段(停车场)内调车作业

【理论模块】

一、调车概念

在城市轨道交通日常运输生产活动中,除列车在车站到达、出发、通过及在区间内运行以外,凡机车车辆进行的一切有目的移动,统称为调车。

车辆段(停车场)内除列车出入段(场)作业外,凡机车车辆进行的一切有目的移动,均为调车作业。

按调车目的不同,城市轨道交通调车作业主要分为编解调车、转线调车、取送调车。

二、调车作业设施设备

1. 线路

线路包括调车线、停车线、牵出线、折返线、联络线、尽头线、道岔等,车辆段(车场)线路布置如图7-1所示。

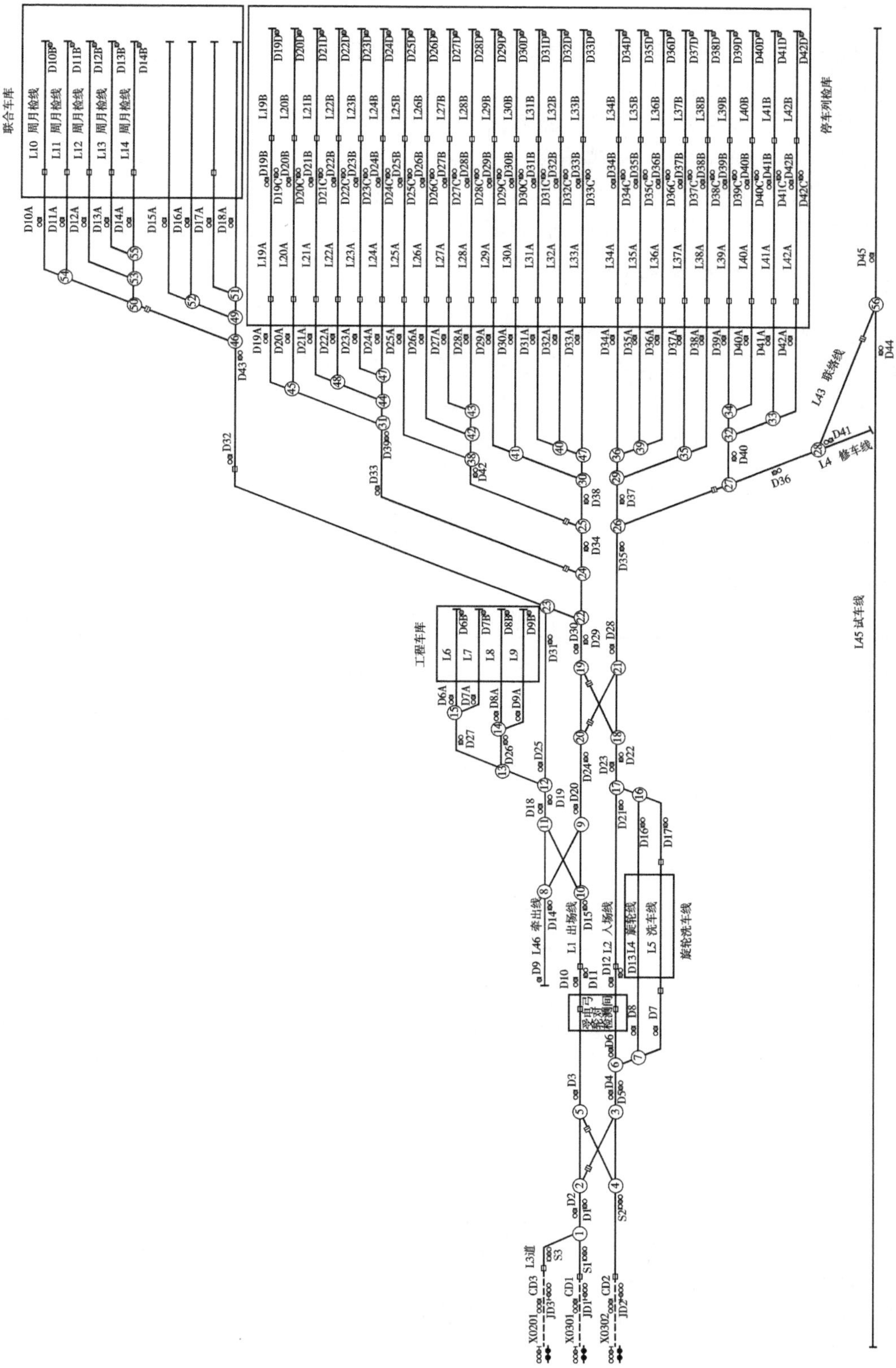

图 7-1　车辆段(车场)设备平面布置示意图

2. 信号

（1）固定信号机：调车信号机，出、入库信号机，阻挡信号机等。

（2）手信号：手信号旗、灯。

（3）听觉信号，口笛及电客车、工程车、轨道车的鸣笛。

（4）信号牌（标志）：警冲标、鸣笛标、一度停车牌、限速标。

3. 对讲、联系用品

400MW 无线电台、手机、司机手册、调车作业单、方孔钥匙、主控钥匙等。

三、调车作业领导及指挥

（1）调车作业必须实行统一领导、单一指挥的原则。

（2）车辆段（车场）调车作业由车场调度员统一领导；列车进行折返调车作业时，由行车调度员统一领导。列车在车站调车作业，由车站值班站长或车站行车值班员统一领导。

（3）调车作业由调车长（调车员）单一指挥。

四、调车作业计划

（1）调车作业计划是调车作业行动依据，由调车领导人负责编制，以书面形式下达。调车作业计划通知单如表 7-1 所示。

调车作业计划通知单　　　　　　　　　　　　　　　　表 7-1

调车计划	第　　号		调车组		组
通知时间	年　　月　　日　　时　　分				
执行时间	日　　时　　分至　　时　　分				
调车作业计划					
股道	摘挂		辆数		备注
注意事项					

（2）调车作业计划变更时，应停车重新布置，再由调车指挥人将变更后的调车作业计划向调车司机及有关人员传达清楚。

如果调车作业计划只做局部变更时，也可在保证安全的前提下，允许用口头方式进行计划变更的传达。

五、调车作业信号

1. 固定信号

(1)调车信号机。

一个红色(蓝色)灯光:不准越过该信号机调车,如图7-2 所示。

一个月白色灯光:允许列车越过该信号机调车,如图7-3 所示。

图7-2　调车信号机(红/蓝色)　　　图7-3　调车信号机(月白色)

(2)出入库信号机。

一个红色灯光:停车信号,不准列车越过该信号机,如图7-4 所示。

一个绿色灯光:前方进路开通并锁闭。允许列车运行至一度停车牌(转换轨)处,接收ATC,如图7-5 所示。

一个月白色灯光:兼作调车信号机时,允许列车越过该信号机调车,如图7-6 所示。

图7-4　出入库信号(红色)　　　图7-5　出入库信号(绿色)　　　图7-6　出入库信号(月白色)

(3)出、入场信号机。

一个月白色灯光:兼作调车信号机时,允许越过该信号机调车。

(4)阻挡信号机。

一个红色灯光:严禁列车越过该信号机。

2. 调车手信号

(1)停车信号,要求调车电客车或机车停车。

昼间:展开的红色信号旗。

夜间：红色灯光。

显示方式与图 5-17 所示相同。

（2）紧急停车信号：要求调车电客车或机车紧急停车。

昼间：展开的红色信号旗上下急剧摇动。

无红色信号旗时，两臂高举头上向两侧急剧摇动。

显示方式与图 5-18 所示相同。

夜间：红色灯光上下急剧摇动。

无红色灯光时，用白色灯光上下急剧摇动。

显示方式与图 5-19 所示相同。

（3）减速信号。

昼间：展开的绿色信号旗下压数次。

夜间：绿色灯光下压数次。

显示方式与图 5-20b)、图 5-21b)所示相同。

（4）指挥电客车或机车向显示人方向来的信号。

昼间：展开的绿色信号旗在下部左右摇动，如图 7-7a)所示。

夜间：绿色灯光在下部左右摇动，如图 7-7b)所示。

图 7-7　指挥电客车或机车向显示人方向来的手信号

（5）指挥电客车或机车向显示人方向稍行移动的信号。

昼间：拢起的红色信号旗直立平举，再用展开的绿色信号旗左右小动（小动，手腕小幅度摆动，下同）。

夜间：绿色灯光下压数次后，再左右小动，如图 7-8 所示。

（6）指挥电客车或机车向显示人反方向去的信号。

昼间：展开的绿色信号旗上下摇动。

夜间：绿色灯光上下摇动，如图 7-9 所示。

（7）指挥电客车或机车向显示人反方向稍行移动的信号。

昼间：拢起的红色信号旗直立平举，再用展开的绿色旗上下小动。

夜间：绿色灯光上下小动，如图 7-10 所示。

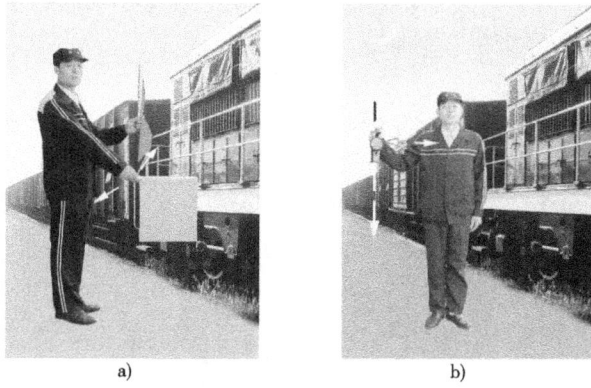

图 7-8　向显示人方向稍行移动的手信号

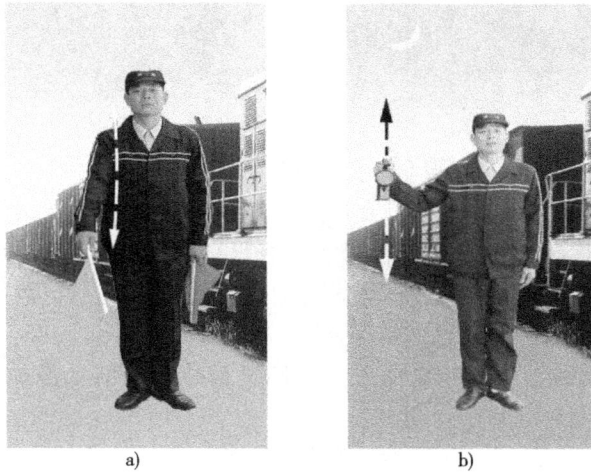

图 7-9　向显示人反方向去的手信号

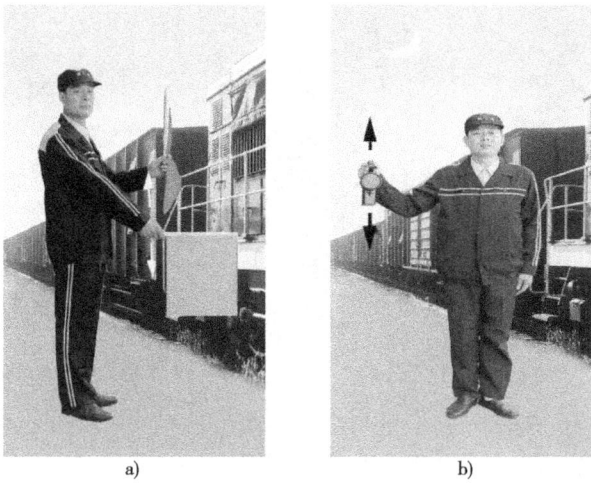

图 7-10　向显示人反方向稍行移动的手信号

（8）三、二、一车距离信号：表示推进车辆的前端距被连挂车辆的距离。

昼间：展开的绿色信号旗单臂平伸。

夜间：绿色灯光平举。

在距离停留车（或车挡）三车（约 60m）时连续下压 3 次，二车（约 40m）时连续下压 2 次，一车（约 20m）时下压 1 次，如图 7-11 所示。

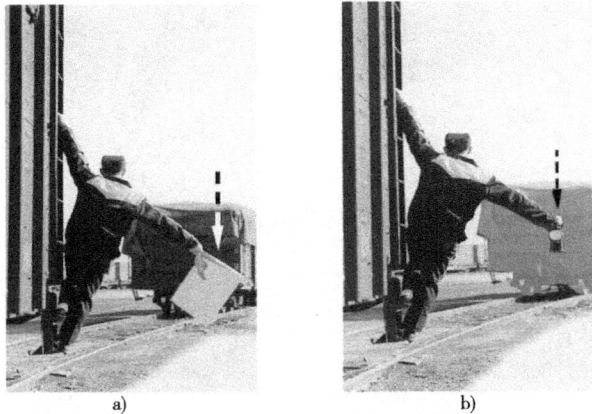

a)　　　　　　　　　　b)

图 7-11　三、二、一车距离手信号

（9）连结信号：表示连挂作业。

昼间：两臂高举头上，使拢起的手信号旗杆成水平末端相接。

夜间：红、绿色灯光（无绿色灯光的人员，用白色灯光）交互显示数次，如图 7-12 所示。

（10）试拉信号：表示连挂好后试拉作业。

按第 7 项，指挥电客车机车向显示人反方向稍行移动的信号显示，当机车或车列起动，立即显示停车信号。

（11）停留车位置信号：表示电客车、车辆停留地点或车挡所在地点。

夜间：白色灯光左右小摇动，如图 7-13 所示。

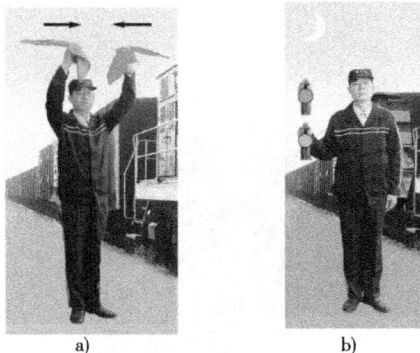

a)　　　　　　　　　　b)

图 7-12　连结手信号

图 7-13　停留车位置手信号

（12）道岔开通信号：表示进路上道岔准备妥当。

昼间：拢起的黄色（绿色）信号旗高举头上左右摇动。

夜间：白色（绿色）灯光高举头上左右摇动，如图 7-14 所示。

图 7-14 道岔开通手信号

徒手调车信号显示方式如表 7-2 所示。

徒手调车信号显示方式   表 7-2

序号	徒手信号名称	显 示 方 式
1	停车信号	单臂伸直上斜45°,小臂下压数次
2	紧急停车信号	两手臂高举头上,向两侧急剧摇动
3	向显示人方向稍行移动的信号	左手高举伸直,右手平伸小臂左右摇动
4	向显示人反方向稍行移动的信号	左手高举伸直,右手向下斜伸,小臂上下摇动
5	连挂信号	紧握两拳高举头上,拳心向里,两拳相碰数次
6	试拉信号	如第4项,当车列起动时,立即显示停车信号,如第1项
7	推进信号	单臂高举头上左右摇动
8	三、二、一车距离信号	单臂平伸后,小臂竖直往外压直,反复3次为三车,2次为二车,1次为一车
9	好了信号	单臂高举直伸,以肩部为圆心顺时针作圆形转动

六、调车作业有关规定

1. 电客车利用自身动力调车

(1)利用自身动力调动电客车时,司机须听取车场调度员布置的调车任务及安全注意事项。

(2)了解电客车的车辆状态、制动系统状态,没有进行制动试验不准动车。

(3)确认股道、线路是否侵限侵物,是否需特别注意运行等。

(4)了解列车是否设置了铁鞋(数量及位置)。设置铁鞋防溜时,不撤除铁鞋不动车。

(5)服从调车指挥人的指挥,做到:调车作业目的不明确不准动车,没有信号或信号不清不准动车,没有联控不准动车。

（6）调车指挥人应在调车正面（司机驾驶侧）正确及时地显示信号，司机应认真地、不间断确认信号，并鸣笛回示。没有起动信号禁止动车；没有鸣笛回示时，调车指挥人应立即显示停车信号。信号显示错误或不清时，司机应立即停车。

（7）调车信号机因故无法开放，机车车辆须越过该关闭的信号机时，调车指挥人得到信号楼调度员通知，确认进路开通后方可领车越过该信号机。

（8）动车前，除确认动车"五要素"（调车进路、调车信号、道岔开通位置、车门状态、制动缓解状态）外，还须确认无障碍物侵限，无人员在车上、车下作业，确保安全起动。

（9）运行中司机应加强瞭望，严格遵守调车作业各项速度规定，确保调车安全。

（10）调车、转线作业时，原则上应利用牵出线办理作业。特殊情况下，超长列车或车列需利用转换轨转线时，按越出车场界线调车作业办理。

（11）越出车场界线调车时，应得到行调同意，邻站承认后方可办理。无行调命令时，禁止越出车场界线调车转线作业。

（12）调车作业中，司机得到值班员有关"××车在××道待令"的通知时，严禁擅自动车。动车前必须得到值班员"可以动车"的通知，司机复诵，确认信号、道岔正确后再动车。

（13）调车作业时，严格实行"问路式"调车，每勾均应"出×道问×道，确认×道""进×道问×道，确认×道"。

（14）进入牵出线调车作业时，司机在进入接近两端"停车标"时严格按照三、二、一车距离限制速度（即 8km/h、5km/h、3km/h），在线路终端距车挡应有 10m 的安全距离，遇特殊情况需接近小于 10m 时，司机应在距线路终端 10m 处一度停车，以不超过 3km/h 的速度缓缓前进或连挂，并采取防溜措施。

（15）连挂车辆，调车指挥人应显示三、二、一车距离信号和连挂信号，没有显示三、二、一车距离信号和连挂信号不准挂车。

（16）机车、车组接近被连挂车辆不少于 1m 时应一度停车，确认车钩位置正确后再连挂。

（17）调车作业中，司机应逐勾对照调车作业计划完成情况并做到勤联系。

（18）调车作业完毕，司机应向车场调度员报告电客车停车位置、防溜措施情况，并根据车场调度员指令决定是否降弓休眠。

2. 工程车调动电客车注意事项

（1）接到车场调度员关于配合工程车进行转线调车计划时，电客车司机应主动了解电客车车辆状态：气制动塞门是否切除，制动系统状态，车辆悬挂装置状态，检修股道线路是否侵限，是否设置了铁鞋等。听取车场调度员布置的安全注意事项，同时，听取调车长传达调车作业计划及相关要求。

（2）电客车司机负责对所调动电客车停放股道限界，车辆走行部和电客车状态进行检查。

（3）配合工程车连挂作业时，连挂前，电客车司机与调车长确认防溜措施，降弓。

（4）连挂试拉后，负责撤除防溜措施（铁鞋由调车长撤除）并向调车长汇报。司机与调车长必须确认车辆每个轮对的闸瓦均已缓解。

（5）未验收的电客车需操作电气设备时，须经车辆负责人同意。

(6)当客车无电无气,停放制动需人工缓解时,司机缓解操作后必须确认每个轮对的闸瓦能摇动。

(7)调动无动力客车时,应确认气制动和停放制动全部缓解,运行中保持车辆主风缸风压不低于4.0bar,司机与调车指挥人应加强联系,共同确认车辆制动状态。

(8)牵引出库时,前方进路的确认由工程车司机负责。电客车司机留守在运行前端客车驾驶室内协助监控走行部状态,出库后协助监控车钩状态。发现异常情况时,立即通知工程车司机停车。

(9)推进运行出库时,前方进路的确认由电客车司机负责。运行中电客车司机发现异常情况时,立即通知调车长或工程车司机减速或停车。

(10)调车作业连挂时,应进行试拉。调动重车超过2辆或空车超过4辆时,必须连接风管(电客车除外)。

(11)无调车电台的情况下,禁止工程车调动电客车。

(12)电客车在计划的股道停稳后,电客车司机负责做好防溜措施(铁鞋由调车长设置)后,方可解钩。

(13)调车作业完毕后,报告车场调度电客车的防溜措施等情况。

七、调车作业限制速度

(1)调车作业要准确掌握速度,不准超过如表7-3所示的规定。

调车作业速度规定   表7-3

序号	项　　目	速度(km/h)	说　　明
1	在空线上牵引运行	25	
2	在空线上推进运行	15	
3	环线	15	
4	调动装载超限货物的车辆时	10	
5	在尽头线调车时	10	
6	在维修线调车时	10	
7	在库内调车时	5	
8	货物线上对位时	5	
9	接近被连挂车辆或车挡三、二、一车距离时	8、5、3	
10	接近及通过平交道口时	3	
11	接近被连挂车辆时	3	

(2)调车作业要按上表规定准确掌握速度,在瞭望条件差、天气不良等非正常情况下,应适当降低速度。

【实训模块】

一、实训准备

(1)模拟驾驶设备(两台模拟驾驶联网在同一视景中作业)。

(2)地铁沙盘设备(沙盘调车线如图7-15所示)。

图7-15　地铁沙盘调车线

(3)车辆设备。

(4)手信号用具。

二、调车作业实训演练内容

调车作业实训演练,需由模拟车场调度员、信号员、电客车司机或调车指挥人等相关岗位配合进行。

1.调车设备使用

(1)调车线路、道岔、进路等设备的识认、正确使用基础练习。

(2)调车作业固定信号、手信号、鸣笛信号、信号标志、信号表示器确认、运用基础练习。

2.调车作业手信号显示、运用

(1)调车作业手信号显示、确认、执行配合演练。

(2)调车作业徒手信号显示、确认、执行配合演练。

3.调车作业通知单识认或调车口头命令运用练习

(1)超过3钩的调车作业,调车作业通知单识认及运用练习。

(2)不超过3钩的调车作业,调车口头命令的运用练习。

4.布置、准备及确认调车进路配合练习

(1)布置调车进路及调车进路准备情况的监督由车场调度员负责。

(2)准备调车进路由车场信号员负责,并通过显示屏进行确认。

(3)现场(沙盘)调车进路的确认由电客车司机或调车指挥人负责。

5.调车速度控制及调车作业

(1)电客车凭自身动力调车控制速度及作业练习。

(2)电客车调动故障列车控制速度及作业练习。

(3)机车(工程车)调动电客车控制速度及作业练习。

三、实训记录、总结及评定

1.记录

(1)学员及时在实训手册上填写调车作业实训目的、每日实训任务、要求,并领会、熟悉。

(2)在实训练习过程中,将实训学习、练习的过程、结果及时记载到实训手册,并简要分析。

2.总结

学员根据实训手册中实训目的、每日实训任务、实训记载进行总结。

3.评定

教师根据实训情况进行主、客观结合评定。

任务二　正线车辆调试作业

【理论模块】

一、车辆调试定义及一般分类

车辆调试作业是指在正线或车辆段内试车线进行的信号设备、车辆设备的调试、试验工作(包括故障处理完毕后进行的试验),以及投入运营服务前所做的测试、准备工作。

车辆调试一般包括形式试验、速度试验、高速调试、载重试验、功能调试、噪声测试等。

二、车辆调试作业设备

(1)运营正线、车站。车辆段内试车线。

(2)400MW 无线电台,手机,方孔钥匙,主控钥匙。

(3)司机手册,调试作业单。

(4)调试作业记录单如表 7-4 所示。

调试作业记录单填写式样　　　　　　　　　　　　　　　　　表 7-4

调试作业记录单					
司机姓名	调试指挥人	起止时间	车体号	调试区间	里程
××	××	××年×月×日 0:00~1:30	××	××站至×× 站上、下行	××km
调试内容	AW3 重载试验				
安全预想及安全事项	(1)进站停车须注意提前施加制动,控制好速度,防止冲标。 (2)换端行走在客室时,注意观察沙包堆码状况,有塌方等不良情况时及时报告调试指挥人。同时,注意人身安全,脚下走稳,防止摔倒、扭伤				
调试注意事项	A 站与 B 站区间上行线有 23‰上坡道一处,起动试验时,须以不低于 50% 的牵引力起车				
故障现象及处理情况					
交接内容	重点交接:列车牵引力、制动力状况				

三、车辆调试作业组织

（1）调试负责人提前做好调试准备工作，组织调试相关人员到位；调试工作负责部门必须派出技术人员跟车负责监控车辆状态等工作。

（2）车辆段信号楼调度员和派班员应加强与检修调度的联系，了解调试项目和作业方法，及时传达给调试司机。

（3）调试司机在派班室按规定出勤，领取手持电台等行车备品，确认调试内容要求和相关注意事项，听取派班员安全事项传达。

（4）调试司机按照《一次出乘作业标准》进行列车各项检查整备，发现异常及时按规定汇报。

（5）整备作业完毕，司机应主动联系车辆段信号楼，按调试作业要求，及时将调试列车移动、停放到指定地点。

（6）正线调试时，应安排车队管理人员巡查，负责监控、指导调试司机作业。

（7）调试作业由调试负责人统一指挥，司机必须按行调命令，根据调试负责人的要求操纵，在指定区域内进行调试作业。凡需要越过调试封锁区域时，需要与行调联系，落实运行进路的安全并得到其同意，在确认行车三要素，即进路、道岔、信号符号行车条件后方可动车。

（8）调试、试验的行车工作由调试司机负责，在运行过程中，禁止调试、试验人员（含外方人员）擅自动用与行车安全有关的设备设施。需要进行一些影响行车的试验操作（如紧急制动试验），需向司机交代清楚并经同意后方可进行，司机在同意前须落实好行车安全事项。

（9）调试列车的主控钥匙，应由调试负责人提供，库内临时转线无调试负责人时，可暂时借用运用车主控钥匙。

四、正线车辆调试安全注意事项

（1）参与调试的司机，班前应充分休息，保证调试作业精力集中。

（2）调试作业前，应对调试作业方案仔细学习，对调试流程进行充分预想，掌握调试作业安全关键点，明确封锁区间范围、是否包含车站等。

（3）调试作业检车时，应按照规定认真检查，特别是牵引、制动性能，发现列车故障时，应与调试负责人沟通，确认列车故障不影响正常驾驶。

（4）调试作业开始前，应先明确调试负责人，并要求调试负责人在调试作业单上签字（加开调试列车时在调试方案上签字），调试过程中只听从调试负责人指令动车，涉及一辆车两个司机调试时，两个司机都应听从调试负责人直接指令，涉及两辆车在同一封锁区间内进行联合调试作业时，原则上应由调试负责人统一指挥，因调试作业需要，每辆车都需要指挥人时，司机应明确自己所在客车调试指挥人。

（5）调试过程中，应执行好呼唤应答作业标准，对调试负责人发布的命令应复诵确认、正确执行。

（6）调试运行时，应注意区间限速，明确调度命令含义，严格按照调度命令执行。当调试指挥人指令与调度命令相冲突时,应向调试负责人申明调度命令,明确后再作业。

(7)在动车过程中应注意客车运行状态和指示灯显示,有异常时及时停车并向调试负责人汇报。

(8)调试过程中,遇调试人员下车作业时,在得到调试负责人动车指令时,应再次向调试负责人确认下车人员是否出清,确认无误后再动车。

(9)司机在调试过程中须听令操作,不要擅自操作设备,需要对新线知识进行现场验证,可在调试完成后向调试负责人提出请求,由调试负责人指挥完成。

(10)加开调试列车的调度命令由行调直接发布给司机。

(11)调试作业完毕后,司机应认真填写调试作业单。

五、信号调试注意事项

(1)信号调试作业前,调试司机须事先向调试负责人确认调试内容。

(2)信号调试作业,每次动车前,司机须向调试负责人了解调试进路的安排,按调试负责人的指令,司机确认具备行车条件后凭地面信号和车载信号动车。

(3)列车在区间运行时,司机要认真确认信号、进路及道岔位置。天气不良,瞭望困难时,要适当降低列车运行速度,确保能随时停车。

(4)进行 CBTC 信号调试时,司机发现信号机有异常显示,须立即紧急制动停车,并向行车调度汇报。需重新动车时,必须经过行车调度及调试负责人同意。

(5)调试中需越过红灯或灭灯信号机时,须经调试负责人同意,司机应记载允许越过的信号机编号、时间及调试负责人签名等。

【实训模块】

一、实训准备

(1)模拟驾驶设备。

(2)地铁沙盘设备。

(3)手持电台、方孔钥匙,主控钥匙等行车备品。

二、正线车辆调试作业模拟练习

(1)调试司机按规定出勤,领取手持电台、方孔钥匙,主控钥匙等行车备品练习。

(2)确认调试作业单有关内容练习:明确调试内容、调试注意事项等,听取派班员安全事项传达。

(3)司机进行列车整备、检查作业练习。

(4)整备作业完毕,司机应主动联系车辆段信号楼,按调试作业要求及时将调试列车移动、停放到指定地点。

(5)确认行车三要素:进路、道岔、信号练习,符合行车条件后方可动车。

(6)司机按调试内容及调试指挥人的要求进行调试作业练习。

三、实训记录、总结及评定

1. 记录

（1）学员及时在实训手册上填写正线调试作业实训目的、每日实训任务、要求，并领会、熟悉。

（2）在实训练习过程中，将实训学习、练习的过程、结果及时记载到实训手册中，并简要分析。

2. 总结

学员根据实训手册中实训目的、每日实训任务、实训记载进行总结。

3. 评定

教师根据实训情况进行客观评定。

任务三　车辆段（停车场）内车辆调试作业

【理论模块】

一、定义

车辆段（停车场）内车辆调试作业是指运用车辆段（停车场）内试车线进行的列车各项调试作业。

二、车辆调试作业设备

（1）车辆段（停车场）内试车线。

（2）400MW 无线电台，手机，方孔钥匙，主控钥匙。

（3）司机手册，调试作业单。

（4）车辆段内试车线及距离试车线终端300m 标、200m 标、100m 标，如图 7-16 所示。

图 7-16　试车线及 300m 标、200m 标、100m 标（尺寸单位：m）

（5）试车线终端车挡、移动停车信号、阻挡信号、停车标，如图 7-17 所示。

图 7-17　车挡、移动停车信号、阻挡信号、停车标

三、试车线调试安全注意事项

（1）在进入试车线前,司机和车辆段调度员共同确认试车线接触网(接触轨)供电情况。

（2）在试车前、司机应了解、掌握调试客车牵引力、制动力大小(特别是制动力大小)性能,因每列车不尽相同,调试开始前应认真检查确认。

（3）试车线调试前应严格执行巡道规定,调试时,开始试验的第一列车或停止试验超过2h 需重新开始试验时,应先进行制动试验,再限速(一般不超过 25km/h)进行轧道作业。轧道结束后,方可进行调试作业。

（4）调试过程中,和调试相关的指令的下达和复诵必须通过 400MW 对讲机进行。

（5）司机在调试运行过程中应加强瞭望,遇雨、雾等不良天气时应降低速度,出入隧道口注意鸣笛。

（6）遇雨、雪天气或轨道湿滑时进行 ATC 调试时,不得使用 ATO 模式驾驶,手动驾驶时注意提前制动,防止冲标。

四、试车线调试运行限制速度规定

（1）列车进行有关 ATC 信号调试时,在试车线两端尽头模拟车站处加强实际距离与目标距离监控。手动驾驶时,注意提前制动,防止冲标。

（2）无 ATP 保护的车辆调试时,司机在试车线两端 400m 标处必须采取制动措施,距终点 150m 时速度不得大于 20km/h,在 100m 标处必须停车,按表 7-5 中规定执行。

（3）如有 80km/h 的速度要求、列车牵引或制动故障、重载试验时,调试负责人和司机必须共同确认加速和终止时机并采取相应措施后方可作业。试车线一趟运行只能完成一次加速至 60 ~ 80km/h 作业(无特殊要求,加速过程应一次完成,加速到指定速度后不得再有牵引工况操作)。

（4）车辆 300km 行驶试验,雨、雪、雾天调试作业,最高速度不得超过 60km/h。

（5）遇表7-5中所列情况时,要严格执行调试作业限制速度。

试车线调试作业限速规定　　　　　　　　　表7-5

序号	地点或时机	昼间限速		夜间限速	
		调试 NRM	ATO/ATP/IATP	NRM/RM	ATP/IATP
1	第一往返轧道	25km/h;进入 100m 标,限速 10km/h			
2	40km/h 制动标	40km/h	按设定正常速度 60/60/60km/h	40/25km/h	40/40km/h
3	300m 标	40km/h	按设定正常速度 40/40/40km/h	40/25km/h	40/40km/h
4	200m 标	20km/h	按设定正常速度 20/20/20km/h	20/20km/h	20/20km/h
5	100m 标	特殊情况应一度停车,再限速 5km/h 进入	按设定正常速度 10/10/10km/h	接近两端 100m 标时,严格按三、二、一车距离信号限制速度(即 8km/h、5km/h、3km/h)	
6	停车标	接近两端停车标时,严格按三、二、一车距离信号限制速度(即 8km/h、5km/h、3km/h)		禁止进入	

【实训模块】

一、实训准备

（1）模拟驾驶设备。
（2）地铁沙盘设备。
（3）手持电台、方孔钥匙,主控钥匙等行车备品。

二、试车线调试作业模拟练习

（1）调试司机按规定出勤,领取手持电台、方孔钥匙,主控钥匙等行车备品练习。

（2）确认调试作业单有关内容练习:明确调试内容、调试注意事项等,听取派班员安全事项传达。

（3）司机进行列车整备、检查作业练习。

（4）整备作业完毕,司机应主动联系车辆段信号楼,按调试作业要求及时将调试列车移动、停放到指定地点。

（5）确认行车三要素:进路、道岔、信号练习。符合行车条件后方可动车。

（6）调试作业中复诵指令对讲及有关事项联系练习。

（7）司机按调试内容及调试指挥人的要求进行调试作业练习。

（8）严格按规定控制调试列车运行速度及执行三、二、一车距离信号(即 8km/h、5km/h、3km/h)控制速度练习。

三、实训记录、总结及评定

1. 记录

(1)学员及时在实训手册上填写车辆段调试作业实训目的、每日实训任务、要求,并领会、熟悉。

(2)在实训练习过程中,将实训学习、练习的过程、结果及时记载到实训手册中,并简要分析。

2. 总结

学员根据实训手册中实训目的、每日实训任务、实训记载进行总结。

3. 评定

教师根据实训情况进行客观评定。

任务四　洗　车　作　业

【理论模块】

一、列车回车辆段时的洗车作业

1. 洗车程序

列车回车辆段(车场),在转换轨一度停车后,联系信号楼调度员,得知需要洗车时,按信号楼指令,确认信号开放、进路正确,运行至洗车线库外一度停车,报告信号楼调度员。确认洗车信号开放,进路正确后,联系洗车值班员并按其指示执行洗车作业。

2. 洗车作业流程

(1)在得到信号楼调度员洗车作业通知后,司机按规定复诵、明确流程。确认信号,进路、道岔位置正确,凭开放的信号动车。移动时,严格遵守车场内的限制速度。

(2)列车在洗车区入口调车信号机前一度停车,司机确认电客车门窗关好,将洗车开关置于洗车位,联系洗车值班员,得到同意进入洗车区通知时,确认调车信号机、洗车信号机1开放后,方可移动电客车进入洗车区。

(3)当电客车到达"前端洗车停车牌"时,对标停车。对标成功后报洗车值班员,进行列车前端洗刷作业。

(4)确认头端洗刷完毕后,及时汇报洗车值班员。确认洗车信号2开放后,运行至"后端洗车停车牌"处对标停车,进行列车后端洗刷作业。

(5)洗车值班员通知司机尾端洗刷完毕后,司机确认洗车信号2动车,运行至"清洗结束标"处对标停车。对标成功后报洗车值班员,等待洗车值班员通知司机洗车结束,恢复"洗车按钮"确认安全并按照调车进路动车。

3. 洗车注意事项

(1)洗车作业司机必须集中精力,严格执行呼唤应答制度,严禁进行洗车作业以外的其他活动,确保洗车作业安全。

（2）一度停车后，洗车司机应注意按压"洗车按钮"。无洗车模式时，使用 NRM 模式，严格控制速度，以 3km/h 以下速度进行洗车作业。洗刷车头、车尾端部时，需把两端的雨刷旋钮置于洗车位。

（3）列车不能洗车作业时，及时联系信号楼，在得到信号楼动车指示时，确认洗车机设备无侵限后方可动车。

（4）洗车过程中严禁列车后退。

二、运用库内的列车进行洗车时的程序

运用库内的列车进行洗车时的程序如表 7-6 所示。

运用库内列车洗车程序　　　　　　　　　　　　　　　　表 7-6

序号	工作步骤	工作内容和要求
1	洗车作业单	到派班室出勤，领取洗车作业单，行车备品
2	检车作业	按照洗车作业单找到相应停车股道、车辆，对列车进行动静态检车作业
3	联系列车进路	手持台调到"基地"模式后和信号楼联系列车进路
4	确认进路	司机在得到信号楼"库内到牵出线进路准备好了"的通知并复诵后，凭地面信号动车至牵出线进行换端，司机换端作业完毕后联系信号楼，在得到信号楼"洗车牵出线到洗车库信号准备好了"的通知，司机按规定复诵后，凭地面信号动车至洗车库，移动中严格遵守车场内的限制速度，认真确认信号显示及道岔位置正确
5	一度停车	运行至平交道口前一度停车，确认安全后动车运行至"预备位停车"牌前一度停车，等待洗车库工作人员无线电通知
6	开始洗车	在得到洗车库工作人员的"可以进洗车库作业"指令后，确认洗车库门前的信号机（"预备位停车"牌旁信号机）显示绿灯后（红灯必须停车），将列车驾驶模式转至"WM"位，将刮水器选择开关打至"中间"位，限速 3km/h 运行
7	加强瞭望	运行中加强瞭望，严格按《洗车作业操作规定》执行
8	洗车完毕	洗车作业完毕后（与洗车作业人员联系确认），司机完成列车换端作业后与信号楼联系；进路确认后，得到洗车库操作人员"洗车库作业结束，司机可联系信号楼回库"的指令后，动车回库
9	换端牵出	严格执行"问路式"调车，根据信号楼口头命令，严格遵守出入洗车库限速 3km/h 的规定，在平交道口前一度停车
10	联系回库	列车到达牵出线后，司机完成换端作业，与信号楼联系回库作业

三、洗车注意事项

（1）客车回基地或车场需洗车作业时，允许直接往洗车线接车，但必须及时预告司机。

（2）列车进入洗车机后不得后退，特殊情况需后退时，须经洗车机控制人员同意后，与信号楼调度员联系后退进路。

（3）洗车机临时故障无法继续洗车需退出洗车线时，司机应在得到洗车机控制人员同意后，及时通知信号楼。在得到信号楼调度员允许动车的通知并确认洗车机处于正常位无侵限情况和进路安全后方可以"WM"模式限速 3km/h 离开洗车机区域。

(4)注意各行车信号灯的显示,不得冒进锁闭区。

(5)停车刷洗前、后端面时,前车头驾驶室窗玻璃垂直中心线,停在"前端洗停车"牌±0.5m区域内。此时前端洗信号灯亮红灯,待前端洗结束后,该信号机亮绿灯;刷洗后端面时,前车头驾驶室风窗玻璃垂直中心线停在"后端洗停车"牌±0.5m区域内。此时后端洗信号灯亮红灯,待后端刷洗结束后,该信号机亮绿灯。

(6)行车清洗速度应保持在3km/h内,必须采用洗车模式,如低于1km/h或高于5km/h时,调整车速。

(7)行车时,司机应打开400MW或800MW电台,随时与操作人员联系或听取操作人员的指令,当无法与操作人员联系时严禁动车。

(8)司机在清洗区发现任何危害行车及清洗工作故障时,应立即停车并报告给操作人员。

(9)注意观察端洗机构端刷是否停在端洗机构预定位置,使列车正常通过;端洗机构内有无风、水、电线误入车辆限界内。

(10)因洗车库内接触网是不带电的,所以列车在洗车时,受电弓可能处在无电区内,并且DDU显示两个或四个牵引故障,此时推牵引无位移。司机需把受电弓落下再升起,一般故障会消失。

【实训模块】

一、实训准备

(1)模拟驾驶设备。
(2)地铁沙盘设备。
(3)安全设备。

二、洗车作业联系及确认进路、确认信号练习

(1)回车场在转换轨,司机联系信号楼调度员,需洗车作业时,主动联系、明确进路并确认信号开放、进路正确练习。

(2)按规定限速运行至洗车线库外一度停车,司机报告信号楼调度员。确认洗车信号开放,进路正确后,联系洗车值班员并按其指示执行洗车作业练习。

(3)洗车作业中,"前端洗停车"牌、"后端洗停车"牌及"清洗结束标"处对标成功后,分别向洗车值班员报告练习。

三、洗车作业列车对牌/标停车及速度控制操作练习

(1)列车前端/后端刷洗前,司机控制列车分别停在"前端洗停车"牌、"后端洗停车"牌±0.5m区域内练习。

(2)列车在"清洗结束标"处对标停车练习。

(3)列车行车清洗,速度应保持在3km/h以内,采用洗车模式或手动控制好速度练习。

(4)列车行车清洗,如速度低于1km/h或高于5km/h时,及时进行车速调整练习。

四、实训记录、总结及评定

1. 记录

（1）学员及时在实训手册上填写洗车作业实训目的、实训任务、要求，并领会、熟悉。

（2）在实训练习过程中，将实训学习、练习的过程、结果及时记载到实训手册中，并简要分析。

2. 总结

学员根据实训手册中实训目的、每日实训任务、实训记载进行总结。

3. 评定

教师根据实训情况进行客观评定。

复习与思考

1. 何谓调车？

2. 调车作业主要需使用哪些线路设备？

3. 调车作业主要需使用哪些信号设备？

4. 调车作业领导及指挥必须实行什么原则？

5. 简述调车用信号机显示方式及意义。

6. 简述常用调车手信号的显示方式及意义。

7. 需越出车场界线进行调车作业时有何规定？

8. 连挂车辆时，调车指挥人没有显示哪两种信号不准挂车？

9. 三、二、一车距离信号限制速度分别是多少？

10. 调车作业要准确掌握哪些速度要求？

11. 简述试车线调试作业安全注意事项。

12. 简答洗车作业注意事项。

13. 实训中，学会、看懂调车作业计划通知单含义并能逐钩进行模拟调车作业练习。

14. 通过学与练，能认真进行调车作业手信号显示、确认、执行的配合演练。

项目八　非正常情况行车

任务一　突发险情、事件处理

【理论模块】

一、对司机的基本要求

（1）必须了解和熟悉突发险情应急预案，具备相应的应急处理技能，能够有效响应紧急状况。

（2）当发生险情、安全事件、事故或其他特殊情况时，当值负责人及司机等有关人员应立即报告行调和相关安全负责人，采取积极措施处理。

（3）事故发生时，由车站值班站长/车场调度员负责维持车站/车场的运作、组织、指挥，并担任事故处理主任。司机必须听从事故处理主任指挥。

（4）司机及有关人员均应遵循突发险情、事件处理原则。

二、突发险情、事件处理原则

(1)做好汇报、联系工作,服从命令听指挥。

(2)积极采取相应措施,维持行车秩序,保护人身安全,保护国家财产,保护事故现场,做好乘客服务。

(3)积极抢险,果断处理,减少对行车的影响及经济损失。尽快恢复运营服务。

三、突发险情、事件的处理

1. 客车车门夹人的处理

司机开关门操作时,必须实行标准化作业。关门后要认真确认无夹人夹物及黄灯串的显示状态,避免夹人夹物情况发生。如因种种原因夹人,应按以下规定处理:

(1)发生夹人情况时,站务员应立即显示停车手信号并用对讲机通知司机,若司机未及时回应(未重新打开车门),站务员应立即按压站台紧急停车按钮并报告车站值班员。

(2)司机得到车站或行调关于夹人的通知时,不能起动列车,须重新打开车门。

(3)值班站长到站台与站务员一起处理。处理完毕后,通知司机开车并将情况报告行调。

案例1:

××次列车在××站进行开关门作业,司机按下关门按钮时,一女乘客由电梯跑下,奔向列车,在车门外,将手臂及手中物品伸入客室车门,欲阻止车门关闭,但由于该女乘客手臂臂围较小,车门关闭时正好夹在门缝橡胶条内,无法拔出。而司机也未认真瞭望、确认车门是否有夹人夹物,见关门灯已亮绿灯,便起动列车出站,使该女乘客被列车拖带至站台端部撞在栏杆上,造成严重骨折伤害事件。

案例2:

××年×月×日,××次××车,操纵司机××、监控司机××,×时×站停稳开关门操作中,执行标准化作业不严格,因琐事转头说话,回过头来感觉时间已不多了,未认真确认及手指口呼,而是凭臆测操作,在乘客上、下车时关门,结果发生夹人事件。乘客投诉,公司追查。

客室区间火灾

2. 列车火灾处理程序

(1)事件发生在车站

①司机立即打开车门和站台门,降下受电弓。

②广播引导乘客疏散。

③报告行调现场情况。

④车门站台门打开后,迅速进入运行前端车厢疏散乘客,并前往着火处所确认火灾情况,先行灭火。

⑤加强与行调或现场处置机构负责人联系,并按其指令执行。

(2)事件发生在区间(可以继续运行)

①司机查看 CCTV 的显示,确认客室火情,并迅速向行调报告。

②维持运行至前方车站,通过广播安抚乘客,引导乘客使用车上灭火器进行灭火,列车到站后立即打开车门和站台门,进行清客。

(3)事件发生在区间(被迫停车不能继续运行)

①列车发生火灾在区间被迫停车后,司机须迅速确认火情,立即报告行调,降下受电弓,施加停放制动。

②广播安抚乘客,引导其使用灭火器自救,并按行调指令组织乘客疏散(如火灾发生在前部采取乘客从后端疏散。如火灾发生在尾部时,采取从前端疏散。如发生在中部时,则采取前后两端同时疏散,在迅速实施操作端疏散后,要及时确认、判明后端疏散情况,并设法到后端疏散乘客,若无法到达后端时,应指引乘客打开客室通道门和逃生门,必要时引导乘客操作车门解锁打开车门或直接打开全列车车门)。

③视情况前往着火处灭火。

3. 区间火灾

司机发现前方隧道、线路火灾时,应做到:

(1)及时采取果断措施,将列车停于火源之前。停车后立即报告行调,按行调指示办理。同时做好对乘客广播。报告内容主要包括车次、火灾位置、火势、乘客情况等。

区间火灾

(2)不同情况的一般处理:

①停车等候有关人员处理,待区间火灾处理完毕,按行调指示恢复运行。

②按行调指示将列车退回至后方站待令,同时做好对乘客广播。

③如来不及停车,则应限速通过火源地点运行到前方站停车,其间应及时向行调报告,按行调指示办理。

4. 列车发生地外伤亡事故的处理

(1)事故发生在车站

①司机发现道心或轨行区限界内有人时,应立即紧急停车,及时向行车调度报告。

②做好对乘客广播,安抚乘客。

③报告车站值班员,请求站务人员协助处理。

④接受公安机关就事故的进一步勘验和调查,并如实反映所知情况。

⑤处理完毕出清线路后,根据行车调度的指令及现场指挥的要求开车。

(2)事故发生在区间

①列车在区间运行中,发现前方线路内有人员时或发生列车撞轧人员后,应立即紧急停车,查明情况,并将发现地点、人员动态或伤亡者的位置、性别等情况记录清楚,及时报告行车调度,按其指示办理。同时做好对乘客广播。

②如未造成人员伤亡,应将此人带到前方站交车站工作人员处理。

③如人员被列车撞轧受伤,应按行车调度指令,将被撞人员随车带往前方站,移交指定的车站值班站长处理。

④对于被撞轧的死者,要将尸体移至不影响行车的地点并遮盖,按行车调度指示,运行到前方站将情况报告车站值班员。

⑤若列车无法移动,司机应及时报告行车调度请求支援;行车调度通报地铁公安,视情

况布置就近车站工作人员,携带必要的救援器材会同地铁公安人员前往救援。

⑥若列车已越过被撞人员的区域,且一时无法找到死、伤者时,司机在报告行车调度后,按指令以低于15km/h的速度运行至前方站;行车调度指令相关车站派人会同地铁公安人员随后续列车以低于15km/h的速度前行搜索,至事发地进行勘查,迅速将被撞人员随车带至前方车站。

⑦在线路内处理伤亡事故时,要注意人身安全,必要时应请求行车调度员将区间停电。

⑧处理完毕出清线路后,应及时报告行车调度,恢复正常行车。

5. 发生挤道岔的处理

挤道岔:系指车轮挤过或挤坏道岔。

列车运行或调车作业中,司机必须对于进路上的信号、道岔进行手指口呼、认真确认。

对于顺向道岔,如道岔开通位置错误或尖轨不密贴,车轮经过道岔就会发生挤道岔。

发生挤岔后,司机需立即停车,在正线、辅助线立即报告行调,在车辆段(车场)内则与信号楼调度员联系说明情况,并确认道岔状态,若列车轮对停留在道岔上时,切不可擅自移动列车,应做好相关防护,等待专业人员处理。

(1)正线或辅助线发生挤道岔的处理

①司机或车站值班人员了解挤岔原因及事件经过,向行调报告。

②行调通知有关人员并发布封锁区域的调度命令,做好行车组织工作。

③值班站长安排员工到车站紧急出口迎接救援抢修人员。

④在道岔处理过程中司机除做好乘客广播外,注意听从现场负责人的指挥,适时配合移动列车。

⑤道岔修复后,行调发布取消封锁区域的调度命令,恢复正常行车。

(2)车场内发生挤道岔的处理

①得到司机挤岔报告后,车场信号楼值班员向车场调度、行调及有关领导报告发生挤岔事故。

②车场调度员应立即发布封锁因挤岔影响行车安全的区域。

③车场调度员及时通知维调,派技术人员前往抢修。

④车场调度员组织受影响的列车实行合理交路及迂回进路运行,做好行车组织工作。

⑤车场调度员通知有关部门,派技术人员检查挤岔列车走行部是否正常。

⑥在道岔处理过程中司机应注意听从现场负责人的指挥,适时配合移动列车。

⑦车场调度员向司机或车场值班员了解挤岔原因及事件经过,向行调汇报。

⑧道岔修复后,车场调度员发布取消封锁区域的命令,恢复正常行车。

6. 列车发生冲突、脱轨

列车发生冲突、脱轨等意外事故,司机应做到:

(1)立即紧急制动停车。

(2)报告行调及车站(车辆段内报告信号楼调度员)。

(3)确认有无人员伤亡。

(4)确认事故现场是否影响其他线路行车,做好列车及线路的防护,保护现场。

(5)当事故处理主任到来后,听从其指挥。

（6）报告内容包括：事发日期、时间、地点、公里标（站名）、车次、车号、当事人姓名、部门、职务、事故概况、人员伤亡情况、请求救援有关事项等。

【实训模块】

一、实训准备

（1）行车沙盘及行车有关设备。

（2）道岔设备、车辆设备。

（3）站台门、客室车门设备。

（4）对讲设备。

（5）模拟驾驶设备。

（6）起复工具。

二、实训要求

（1）明确发生险情、安全事件时报告、处理基本要求及应遵循的原则。

（2）熟悉发生险情、安全事件时的一般处理方法并认真演练。

（3）处理险情、事件中进行报告、广播时用语规范、表述清晰。

（4）掌握常见一般险情、安全事件的处理方法及操作技能并能举一反三。

三、实训演练

1. 客车车门夹人处理演练

（1）演练人员

演练主要岗位：司机、站务员。

演练辅助岗位及人员：车站值班员、乘客、值班站长、行车调度员。

（2）演练内容、步骤

各岗位人员配合进行客车车门、屏蔽门夹人正确处理的演练。

①司机开关门操作时，必须实行标准化作业。关门后要认真确认无夹人夹物及黄灯串的显示状态。

②站务员发现夹人情况，应立即显示停车手信号并用对讲机通知司机，司机应答并及时重新打开车门，否则站务员应立即按压站台紧急停车按钮并报告车站值班员。

③值班站长到站台与站务员一起处理。处理完毕后，通知司机动车并将情况报告行调。

2. 列车在站发生火灾处理程序演练

（1）演练人员

演练主要岗位：司机、行车调度员、车站值班员、值班站长。

演练辅助岗位：站务员、乘客、消防员。

（2）演练内容、步骤

各岗位人员配合进行列车在站发生火灾正确处理的演练。

①在车站发生火灾，司机立即打开车门和站台门，降下受电弓。

②司机广播乘客疏散至站台。

③司机报告行调—行调通知车站值班员—值班员报告值班站长。

④值班站长通知站务员、消防队。

⑤站务员 1 引导乘客疏散至站厅。

⑥站务员 2 引导乘客疏散出站。

⑦消防员灭火后,值班站长组织员工清理现场,清理完毕通知车控室。

⑧接到清理完毕通知,报告行调,并按行调命令恢复运营服务。

(3)演练使用设备、用品

①站台门、客室车门、站厅设备。

②对讲设备。

③灭火器。

3. 区间火灾

(1)演练人员

①演练主要岗位:司机、行车调度员、车站值班员。

②演练辅助岗位:站务员、乘客、消防员。

(2)演练内容、步骤

①运行中司机如发现前方隧道、线路火灾,及时采取果断措施,将列车停于火源之前。

②停车后立即将车次、火灾位置、火势、乘客情况等报告行调,按行调指示办理(等待灭火或退回发车站)。

③做好对乘客安抚、说明广播,并注意防溜,加强瞭望。

④灭火后,按行调指示恢复运行。

(3)演练使用设备、用品

①模拟驾驶设备。

②模拟火灾设置。

③对讲设备。

4. 列车进站发生轧人事件处理程序演练

(1)演练人员

①演练主要岗位:司机、行车调度员。

②演练辅助岗位:站务员、车站值班员、值班站长。

(2)演练内容、步骤

①进站运行中司机发现道心有人时,应立即紧急停车,及时向行车调度报告。

②司机做好乘客广播,安抚乘客,并注意防溜,加强瞭望。

③站务员发现列车轧人后,立即向列车显示紧急停车手信号并报告车控室。

④车站值班员立即通知值班站长,并根据行调命令封锁线路。

⑤值班站长在司机及有关人员配合下妥善处理。

⑥处理完毕后,司机按行调指示动车。

(3)演练使用设备、用品

①模拟驾驶设备。

②对讲设备。

③手信号。

5. 车场内发生挤道岔的处理程序演练

（1）演练人员

①演练主要岗位：司机、车场信号楼调度。

②演练辅助岗位：行车调度员，信号楼值班员，车辆段维调、抢修人员。

（2）演练内容、步骤

①列车发生挤道岔，司机应立即向信号楼报告。

②信号楼值班员向车场调度、行调及有关领导报告。

③车场调度员应立即发布封锁因挤岔影响行车安全的区域并及时通知维调，派专业技术人员前往抢修。

④车场调度员通知有关部门，派技术人员检查挤岔列车走行部是否正常。

⑤在道岔抢修过程中，司机应听从现场负责人的指挥，适时配合移动列车。

⑥道岔修复后，司机应听从现场负责人的指挥，将列车移出道岔区。

⑦车场调度员发布取消封锁区域的命令，恢复正常行车。

6. 列车发生冲突、脱轨处理程序演练

（1）演练人员

演练主要岗位：司机、行车调度员、值班主任。

演练辅助岗位：车辆段维调、抢修人员。

（2）演练内容、步骤

①列车发生冲突、脱轨，司机应紧急停车，立即向行车调度报告，并做好乘客广播及疏散乘客准备。

②行车调度员应及时采取措施扣停后续列车。及时向值班主任报告，通知车辆段/车场控制中心（DCC）、设备维修调度等人员并组织救援、起复作业。

③设备维修调度通知工建、供电、机电、信号等专业人员赶赴事故现场进行救援及起复作业。

④车辆起复后，按行调指示，由车辆部、维修部人员检查车辆状况，并跟车监视，将事故车开回车辆段/车场。

⑤设备维修调度指示各专业人员对事故现场设备进行修复，完毕后向行调报告。

（3）演练使用设备、用品

①行车沙盘及行车有关设备。

②车辆设备。

③起复工具。

④对讲设备。

四、实训记录、总结及评定

1. 记录

（1）学员及时在实训手册上填写突发险情、事件实训目的、每日实训任务、要求，并领会、熟悉。

(2)在实训练习过程中,将实训学习、练习的过程、结果及时记载到实训手册中,并简要分析。

2. 总结

学员根据实训手册中实训目的、每日实训任务、实训记载进行总结。

3. 评定

教师根据实训情况进行客观评定。

任务二　列车故障处理

【理论模块】

一、列车故障处理原则

车辆设备发生故障时,司机应按照《行车组织规则》中关于故障处理有关规定处理,按照"处理与汇报同时进行"的原则,并正确掌握请示和汇报时机。按常见故障处理指南方法进行故障处理,并做到:

(1)尽量抓紧时间,缩短在线故障处理对运营的影响时间。

(2)在区间发生故障等非正常情况时,司机尽可能将列车维持到站停车处理。

(3)当出现超出常见故障处理指南故障范围的故障时,司机应在检调或车辆维修中心工程师的指导下进行处理或采取相应措施。

(4)按照此规定的程序、方法处理后仍然不能动车则请求救援。

二、列车故障处理程序

(1)进行车辆故障应急处理时,参照《电客车故障应急处理指南》有关规定处理(已有规定或特殊情况除外),并正确掌握请示和汇报时机。

(2)信号系统故障时,参照《信号故障应急处理指南》等有关规定处理,严格按照《行车组织规则》的规定和调度命令驾驶列车运行。在发生异常情况时,司机需加强与行调、车站的联系,对于需经车站中转的行车指示或命令必须执行复诵制度,命令不清不准动车,严禁臆测行车。司机应按公司下发的应急处理程序进行处理,并加强乘客服务广播。

三、列车故障处理一般方法

(1)培养良好的心态,出现故障时要沉着冷静、不要惊慌。

(2)仔细观察故障现象,思路清晰地分析原因、判断故障。

(3)活用《常见故障处理指南》,按故障处理程序、步骤逐项进行检查操作,确认每一步操作正确,防止误操作而使事态扩大。

(4)适时采用重试(重启)法、复位法、切除法、切换法、旁路(隔离)法等进行处理。

(5)报告及处理中请求技术支援的联系表达清晰,理解能力强。

四、列车故障处理步骤

故障处理,应按照故障处理预案及故障处理指南中的处理步骤有条不紊地进行,切不可随意而为之,以避免"走弯路",延长故障处理时间。现以车门故障为例,介绍故障处理步骤。

当关门后出现相应侧关门灯不亮,驾驶室"车门全关闭"指示灯不亮的处理步骤为:

(1)司机重新开、关车门一次,观察是否恢复正常,能恢复正常则确认站台安全,按规定凭车载信号或地面信号开车。

(2)若不能恢复正常,报行调及车站,同时继续检查处理。

(3)司机通过显示屏确认故障车门的位置并记录在司机日志(手账)上。

(4)播放临时停车广播后,打开屏蔽门、车门,司机带上方孔钥匙及无线手持台到现场处理。方孔钥匙如图 8-1 所示。

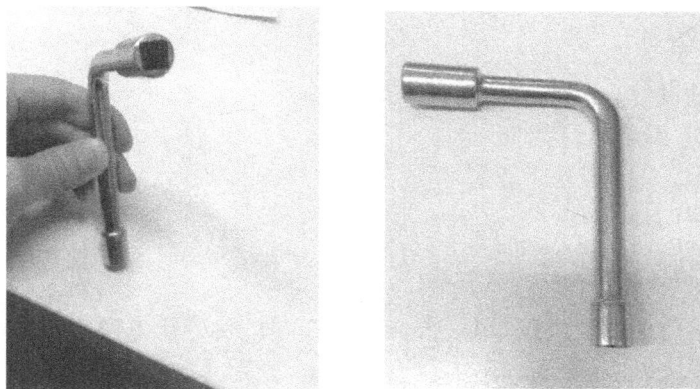

图 8-1 方孔钥匙

(5)到达故障车门时,第一时间先检查故障车门下的门槽内有无异物,如因异物影响,应及时清除异物后,司机回到驾驶室按规定程序关门,确认站台安全,一切正常后,按规定凭车载信号或地面信号开车。

(6)如检查车门下的门槽内无异物,将故障车门进行隔离(切除)处理。

车门隔离(切除)五步骤如下:

①一关:手动把故障车门关上,将车门的两扇门叶推至完全关闭状态,确认两扇门叶之间无缝隙。

②二隔:用方孔钥匙将车门隔离(切除)开关旋转至隔离(切除)位(图 8-2),车门隔离(切除)指示灯亮红灯(图 8-3)。

③三推:用力反方向推车门,确认车门打不开。

④四贴:车站在故障车门张贴"此门故障暂停使用"的告示。

⑤五好:司机回到驾驶室按规定程序关闭车门,确认站台人员显示"好了"手信号。

(7)确认"车门全关闭"指示灯亮绿灯,车辆显示屏车门状态显示正确,按规定凭车载信号或地面信号开车,并报告行调。

图 8-2　车门隔离(切除)开关

图 8-3　车门隔离(切除)指示灯

【实训模块】

一、实训准备

（1）模拟驾驶设备。

（2）客室车门、屏蔽门设备。

（3）方孔钥匙。

（4）司机手账(日志)。

二、列车故障处理练习

（1）在区间运行中发生故障，司机报告、联系练习，并尽量将列车维持到站停车操作练习。

（2）发现列车故障，观察故障现象、分析原因练习。

（3）汇报，请求技术支援联系、表达、理解能力练习。

（4）熟悉列车故障处理一般方法练习、填写司机日志(手账)练习。

（5）列车故障处理步骤演练，选择几种常见列车故障，逐项、反复进行故障处理步骤演练，直至熟练。

车门故障(全列车门
无法正常开启)

车门故障(全列车门
无法正常关闭)

三、实训记录、总结及评定

1. 记录

（1）学员及时在实训手册上填写列车故障处理实训目的、每日实训任务、要求，并领会、熟悉。

（2）在实训练习过程中，将实训学习、练习的过程、结果及时记载到实训手册中，并简要分析。

2. 总结

学员根据实训手册中实训目的、每日实训任务、实训记载进行总结。

3. 评定

教师根据实训情况进行客观评定。

任务三　信号设备故障

【理论模块】

信号系统故障的处理:中央ATS故障时行调应授权联锁站控制,由车站使用ATS工作站进行监控。

一、ATS设备故障时的行车规定

ATS故障应急处置:发生此故障,会出现列车车次、目的地码不正确,运营停车点不释放,DTI无显示,进路不能自动排列等情况,打乱运营秩序,影响列车准点率。因此,司机须做到:

(1)接收到行调关于ATS故障的信息通报后,按行调要求,顺序通报本次列车的车次与位置。

(2)采用ATP/IATP驾驶模式手动驾驶列车,进站停车防止冲标。

(3)中间站掌握列车在站停车时间约为30s,乘客上下完毕后即可关门,收到速度码后动车。

(4)如列车在车站开关门作业完毕后,未收到速度码且时间超过30s时,司机及时与行调联系。如车站干预后,经20s仍未收到速度码,应再次向行调汇报,按行调指示执行,严禁擅自改变驾驶模式动车。

(5)列车在始发站的发车凭证为车载信号或调度命令。

(6)司机认真监听客室广播状态,不能自动广播报站时,应进行手动报站。

(7)在区间运行的列车,如产生紧急制动,收不到速度码时,司机应立即与行调联系,按行调指示执行。

(8)列车出、入库时,以问路式调车方式运行,通信切换的地点为轨换轨一度停车牌前,如司机联系不到信号楼或车站时,可直接与行调联系。

(9)按行调要求,在终点站采用人工折返。

(10)列车在折返站发车前,列车车次及目的地码、顺序号等不能自动更新,司机按行调指示输入正确的目的地码、顺序号和列车车次,输入后应与行调核对,确认无误。

(11)得到行调ATS故障恢复的指令后,检查本次列车的识别号(目的地码和顺序号)、车次等是否正确,按行调指示执行。

二、ATP设备故障时行车规定

ATP设备故障时,当客车在区间运行发生紧急制动,应及时报告行调,经行调同意后转为RM模式运行,运行两个以上静态信标后,若仍不能重新定位,可判定为车载ATP故障;若重新定位后,仍不能转为AM/ATPM模式时,可判定为轨旁ATP故障。

切除ATP运行的注意事项包括:

(1)ATP设备故障需要NRM模式运营时,司机必须得到行调命令后方可切除ATP,严禁擅自切除ATP。

（2）采用后备行车模式或电话闭塞法组织行车时，司机采用 NRM 模式驾驶。应根据线路限速要求，控制行车速度，最高速度不超过 40km/h，无监控员时，最高速度不超过 25km/h，确保行车安全。

（3）单个列车 ATP 设备故障，司机采用 NRM 模式运行要有明确的行车凭证（行调口头或书面命令），要问清行调 NRM 运行的区间，须严格执行呼唤确认制度，加强地面信号、道岔位置的确认，对信号、道岔做到手比口呼，遇地面信号红灯、道岔位置不正确及时停车，得到行调明确允许后才能越过。区间运行最高限速 70km/h。

（4）司机在切除车载 ATP 运营时，应认真听取、抄写、复诵行调命令，明确目的地和后续各站行车凭证，行调未发令或司机未听清楚时，司机应在动车前追问，严禁臆测行车。司机在 NRM 模式驾驶列车在终点站折返时，进、出折返线动车前都需要联系行调，取得行调命令后方可动车进行折返作业。

（5）司机在切除车载 ATP 运营时，站台门和车门不联动，严格执行"先上站台后开门"制度，防止错开车门和漏开车门与安全门，在运营过程中应做好半自动报站设置，认真监听客室广播，防止漏报和错报。

三、正线及车辆段信号联锁设备故障时的行车办法

1. 信号联锁设备故障时的处置

（1）列车在运行中若发生不明原因的紧急制动时，司机应向行调报告，按行调指示执行。

（2）列车在运行中，遇前方进路防护信号机临时关闭或不能开放时，司机立即与行调联系，确认为信号联锁设备故障时，按行调的命令执行。

（3）单个联锁区故障时，非故障车站（故障区段的相邻车站）同意闭塞的条件是接车进路准备妥当、接车站台及前方区间空闲。司机根据行调发布的命令在进（出）电话闭塞区段的两端站采取切除（恢复）ATP 的方法运行。两端折返站采取调车方式进行折返作业。列车凭车站发车手信号进出折返线。进折返线时，车站准备好进路后显示发车手信号通知司机。出折返线时，车站准备好进路后，先使用无线电联系司机，然后在适当地点显示手信号。无线对讲设备故障时，由现场人员口头通知司机。

（4）信号联锁设备故障时，停在区间及辅助线的列车凭行调命令以 RM 模式运行至车站，前方有道岔时，司机需确认道岔位置正确，并限速 15km/h 运行至车站。收到凭证后采用 NRM 模式限速 40km/h 运行（如路票有限速要求按要求执行），隧道内进站前 400m 曲线半径限速 25km/h。每趟车故障第一区间限速 25km/h。

（5）当行车间隔小于 4min 时，听从行调指令，采取目视行车法行车。

2. 电话联系法

（1）衔接站与车辆段/车场间信号设备故障联锁失效及行车后备模式故障的情况下，对进出车辆段/车场的列车采用电话联系法组织行车。

（2）转换轨区段及各自的接发车进路内只允许一趟列车占用。列车占用进出车辆段/车场进路的行车凭证为电话记录号码。

（3）司机在车站与车辆段/车场间使用 RM 模式，限速 25km/h 驾驶，注意加强瞭望和行车安全。

（4）列车出库前司机整备检查完毕具备待发条件时，及时向信号楼调度员汇报。信号楼调度员准备好进路办理完相关手续后，使用无线电通知司机发车。

（5）当一方设备正常或仅是车辆段/车场与正线联锁接口故障，且道岔在控制终端上表示正常时，可把道岔单操到正确位置并使用单独锁定的方法排列进路。当道岔无表示或表示不正常时，须将进路上的有关道岔开通正确位置，使用钩锁器钩锁，挂锁只挂不锁。

（6）办理作业的主要程序和要求。

①行调向车站、信号楼及司机（车辆段/车场内由派班员传达）发布命令：从×点×分起，在××站至××车辆段（或××车场）间采用电话联系法组织行车。

②车站与××车辆段（或××车场）信号楼调度员共同确认转换轨区段及各自的接发车进路空闲。

③接车方在准备好接车进路后，方可发出同意接车的电话记录号码，并说明接车线路。

④发车方在发车进路准备完并取得接车方电话记录号码和接车线路后，按规定填写路票，核对无误后将电话记录号码和接车线路通知司机，司机复诵正确后，发车方无线电通知司机开车。

⑤司机必须记录电话记录号码和接车线路，在得到无线电发车通知后方可动车。

（7）无线电发车标准用语。

①车站："电话记录号码×××，××次列车经转换轨×进车辆段/车场×道""××次，现在可以动车，值班员××号"。

②信号楼："电话记录号码×××，停车库×道××列车经转换轨×进××站×行站台""××次，现在可以动车，调度员××号"。

③司机：复诵后报司机代号。

四、行车凭证

（1）电话闭塞法：采用电话闭塞法组织行车时，行车凭证为路票和车站发车手信号，司机以 NRM 模式驾驶列车运行。

（2）电话联系法：是车辆段/车场与正线间信号联锁设备故障情况下，车辆段/车场与正线衔接站接发列车的行车组织办法，列车占用线路的行车凭证为电话记录号码和无线电发车指令。

（3）NRM 模式：无 ATP 保护下的人工驾驶模式（非限制人工驾驶模式），列车的行车凭证为行调的口头或书面命令。

（4）目视行车法：列车凭调度命令启用目视行车法，目视行车区内，司机根据目视情况行车。

【实训模块】

一、实训准备

（1）具备模拟驾驶设备。

（2）具备行车调度台。

(3)通信设备。

(4)制定好虚拟的调度命令和路票。

二、ATS 设备故障时的行车练习

1. 与行调联系练习

(1)出、入库时,如司机联系不到信号楼或车站时,直接与行调联系练习。

(2)通报本次列车的车次与位置练习。

(3)站台作业时间超过 30s,未收到速度码,司机及时与行调联系。

(4)在折返站发车前,与行调核对输入的目的地码、顺序号和列车车次练习。

2. 手动驾驶列车练习

(1)采用 ATP/IATP 驾驶模式,手动驾驶列车,进站对标停车练习。

(2)列车不能自动广播报站时,司机进行手动报站练习。

(3)站台作业练习。

(4)列车在始发站的发车调度命令确认练习。

(5)列车在终点站进行人工折返操作练习。

(6)列车在折返站发车前,按调指示输入正确的目的地码、顺序号和列车车次。

(7)得到行调 ATS 故障恢复正常的指令后,检查本次列车的识别号(目的地码和顺序号),车次等是否正确,按行调指示执行。

三、ATP 设备故障时行车练习

与行调联系及使用 NRM 模式驾驶练习包括:

(1)ATP 设备故障需要 NRM 模式运营时,司机接收并确认行调关于切除 ATP、改用 NRM 模式运行的命令。

(2)司机认真听取、抄写、复诵行调命令,明确目的地和后续各站行车凭证练习。

(3)司机采用 NRM 模式驾驶,司机根据线路限速要求,控制行车速度运行练习,最高速度不超过 40km/h。无监控员时,最高速度不超过 25km/h,确保行车安全。

(4)司机严格执行呼唤确认制度,加强地面信号、道岔位置的确认,对信号、道岔做到手比口呼练习。

(5)站台作业,严格执行"先上站台后开门"制度练习。

(6)在运营过程中,做好半自动报站设置,认真监听客室广播练习。

(7)列车在终点站折返时,进、出折返线动车前与行调联系,取得行调命令并确认,进行折返作业练习。

四、站间电话闭塞法行车练习

1. 电话闭塞法行车练习

(1)采用电话闭塞法组织行车时,行车凭证为路票和车站发车手信号,司机确认调度命令(表 8-1)及路票(图 8-4)练习。

(2)司机以 NRM 模式驾驶列车运行练习。

调 度 命 令

表 8-1

×× 年<u>10</u>月<u>28</u>日<u>21</u>时<u>30</u>分

受令处所	全线各站及场段	日 期	命令号码	行调代号	发令时间
		28 日	83 号	28 号	21 时 30 分
命令内容	各闭塞区车站上下行各次列车,自即时起,×× 站至 ×× 站停止基本闭塞法,改按电话闭塞法组织行车,站控权下放车站办理				

路 票   NO:<u>1</u>

电话记录第 <u>1101</u> 号,车次 <u>D00101</u>

<u>×× </u>站 → <u>×× </u>站(闭塞区车站)
经由 <u>×× </u>站和<u>×× </u>站(非闭塞区车站)

车站值班员 _____

×× 站行车专用章	×× 年<u>3</u>月<u>28</u>日

图 8-4 路票

2. 电话联系法行车练习

(1)车辆段/车场与正线间信号联锁设备故障情况下,车辆段/车场与正线衔接站接发列车的行车组织办法。

(2)采用电话联系法组织行车时,列车占用线路的行车凭证为电话记录号码和无线电发车指令。

(3)使用 NRM 模式练习:无 ATP 保护下的人工驾驶模式(非限制人工驾驶模式),列车的行车凭证为行调的口头或书面命令。

五、实训记录、总结及评定

1. 记录

(1)学员及时在实训手册上填写信号设备故障行车实训目的、每日实训任务、要求,并领会、熟悉。

(2)在实训练习过程中,将实训学习、练习的过程、结果及时记载到实训手册中,并简要分析。

2. 总结

学员根据实训手册中实训目的、每日实训任务、实训记载进行总结。

3. 评定

教师根据实训情况进行客观评定。

149

任务四　救　援　作　业

【理论模块】

一、列车故障救援作业的含义

地铁列车在正线运行中出现故障,不能凭自身动力继续运行时,由行调组织其他正常列车连挂故障列车,推进或牵引其退出服务,将故障列车救援到指定地点,迅速开通运营正线的作业过程称为救援作业。

二、列车故障救援的基本方式

故障救援作业一般可使用电客车或工程车进行牵引或推进运行完成。目前使用较多的是利用正线运行的电客车完成,在一般情况下,它更加快捷、迅速,有利于正线迅速开通。

三、列车故障救援的基本原则

(1)故障救援运行的方式由行车调度员根据当时的运行情况确定,各车站、车辆段/停车场及运行的列车驾驶员等有关人员必须根据行车调度员的命令执行,要执行相关行车组织规则,积极、认真、负责地配合故障救援运行作业。

(2)正线运行的列车发生故障需要进行救援时,应尽量采用"正向救援"的原则,以确保其他正线列车运行的秩序。

(3)不排除使用其他救援方式、方法。实际运用中须由行车调度员依据当时实际情况应变处置,以对其他正线运行列车影响较小为佳。

四、救援作业步骤

1. 行车调度员救援步骤要求

行车调度员救援步骤要求如表 8-2 所示。

行车调度员救援步骤要求　　　　　　　　　　表 8-2

序号	项　目	步骤要求	备　注
1	启动救援预案,布置清客	布置救援车和故障车在就近车站清客;故障车迫停在区间时,布置与救援车连挂后运行到就近车站清客	行调应做好救援组织关键环节重点监控工作
2	准备(或布置)好进路	发布救援命令前,行调应将救援车运行至故障车的进路、故障车运行至前方目的地的进路准备(或布置)好。信号正确开放	
3	发布救援命令	救援命令包括救援方法、救援车次、救援过程安排、故障车停车位置、救援作业安全,救援结束安排	

续上表

序号	项　　目	步骤要求	备　注
4	确定三方相互联系方式	发布救援命令后,立即通知故障车司机和救援车司机将无线电通信频道切换到"三方通话"组,行调、故障车、救援车司机均通过"三方通话"组通信联系;无线电通信系统故障时,须先确认相互联系方式	行调应做好救援组织关键环节重点监控工作
5	监督救援列车运行	监督并布置有关车站协助监督救援车连挂故障车运行、进入折返线、存车线或回车辆段/车场	
6	救援结束	救援结束,行调准备救援列车退出进路,布置救援列车退出救援后的任务	

2. 故障列车司机救援步骤要求

故障列车司机救援步骤要求如表 8-3 所示。

故障列车司机救援步骤要求　　　　　　　　　　　　　　　　表 8-3

序号	项　　目	步骤要求	备　注
1	及时汇报做好广播	(1)发现故障时,及时报行调、车控室,并做好乘客广播。 (2)按《故障处理指南程序》处理故障	
2	向行调、检调汇报故障情况,无法处理请求救援	(1)3min 内,司机确认无法处理,向 DCC 检修调度员请求技术支援,继续处理故障。 (2)8min 后,司机仍然无法动车,应请求救援。当值班主任决定救援时,司机向行调说明列车停在××站台或区间准确位置。 (3)如在车站,广播并组织故障列车进行清客,通知车站配合	
3	做好被救援相关准备,并做好防护、防溜措施	(1)列车进行"缓解",确认正常后,恢复制动状态。 (2)已请求救援的列车不准动车,列车应保持激活状态,以电客车头灯照明作为防护。如客车无法激活维持照明时,司机应在连挂端司机台上设置红闪灯作为防护信号	
4	指挥连挂,接收救援命令,撤除防护	(1)故障列车司机接到救援列车司机列车连挂的请求后,及时通知救援列车司机进行连挂。 (2)待救援列车连挂妥当后,核对救援调度命令及相关注意事项	指挥连挂:显示连挂手信号或使用连挂用语
5	运行中加强救援、被救援列车之间的联控、互控	(1)牵引运行,前方进路的确认由救援列车司机负责;推进运行,前方进路的确认由故障列车司机负责。 (2)推进运行前,在车辆屏确认全车所有制动已经缓解,动车前报告行调,确认列车前方进路安全后,指示救援列车动车。列车运行中,应保持通信畅通,通信联控间隔不得超过5s(如绿灯好、道岔好、推进及距离提示等联控用语),遇紧急情况时立即通知救援列车司机采取停车措施。 (3)如在区间救援,到达车站停车地点前 20m 处应一度停车,按调车方式引导救援列车在规定位置对标停车。停车后,对故障列车施加制动,广播并组织清客,通知车站配合	
6	做好救援结束相关工作	(1)救援列车停妥,故障列车施加制动后,通知救援列车司机进行解钩。 (2)待救援列车解钩后通知行调,按行调的指令执行	

3. 救援列车司机救援步骤

救援列车司机救援步骤要求如表 8-4 所示。

救援列车司机救援步骤要求 表 8-4

序号	项　目	步骤要求	备　注
1	接收救援命令，清客	(1)确认救援调度命令，明确任务、方法。 (2)清客广播两次，请求车站、公安配合清客	
2	运行至故障列车处	(1)救援列车以 ATO 模式正常运行至 0 码处，转换模式后以 RMF/URM 模式限速 40km/h 运行。若因天气、地形等瞭望条件差且确认故障列车所在位置困难，应适当降低速度确保行车安全。 (2)接近故障列车时，按三、二、一车距离信号要求控制好速度，并在距离故障车 10m 处一度停车	
3	连挂、试拉	(1)请求连挂，确认连挂信号(或连挂用语)以 WM(洗车)模式以不超过 3km/h 的速度与故障列车安全连挂，连挂后要试拉。 (2)救援列车司机确认连挂妥当后，通知故障列车司机	
4	运行至救援目的地	(1)救援列车以故障列车防护头灯熄灭和故障列车司机的口头通知作为推进动车的凭证，动车后及时汇报行调。 (2)救援列车牵引运行采用 SM 模式驾驶，限速 45km/h；推进运行采用 URM 模式驾驶，限速 35km/h，在救援目的地前一个区间以及故障地点至故障车清客站间限速 25km/h。 (3)牵引运行时前方进路确认由救援列车司机负责；推进运行时前方进路确认由故障列车司机负责	
5	救援结束工作	(1)到达目的地，停车地点前 20m 应一度停车，按调车方式引导救援列车在规定位置对标停车。 (2)解钩后通知行调，按行调的指令执行	

五、列车救援作业手信号显示及联控用语(表 8-5)

1. 救援作业手信号显示

(1)救援作业手信号使用时机参见表 8-3 和表 8-5。

(2)救援作业手信号显示方式参见项目七调车作业中"调车手信号"显示方式。

2. 救援作业司机联控用语

列车救援作业司机联控用语见表 8-5。

列车救援作业司机联控用语 表 8-5

	呼唤时机	故障列车司机	救援列车司机
列车连挂	故障列车满足列车连挂条件时	呼:故障列车已做好防溜措施,可以连挂。(使用手持台联控)	呼:故障列车已做好防溜措施,可以连挂,明白(使用手持台联控或鸣笛)

续上表

	呼　唤　时　机	故障列车司机	救援列车司机
推进	连挂后满足动车条件时	呼:故障列车制动已全部缓解,信号好了,道岔好了,可以推进运行(使用手持台联控)	复诵后,明白
	电客车接近信号机时	绿/黄/蓝灯好了(手指口呼)	复诵"进路安全"
		引导信号好了(手指口呼)	
		红灯停车	红灯停车
	电客车接近道岔时	道岔开通位置正确	复诵"进路安全"
	道岔开通位置不正确或异常时	停车	复诵"停车"
	运行期间	进路安全	复诵:监控员与司机每5~10s联控一次
	电客车接近预告标(300m标)/200m标/100m标(站名标或站界标)时	预告标:300m标;200m标;100m标;站界标(××站进站)	预告标:300m标,200m标,100m标,站界标(××站进站)
	不停站列车接近车站尾端墙	呼:不停站通过,限速25km/h	复诵
	停站列车接近车站尾端墙	呼:进站注意,限速10km/h	复诵
	三车	呼:三车	复诵,并限速8km/h
	两车	呼:两车	复诵,并限速5km/h
	一车	呼:一车	复诵,并限速3km/h
	到达停车位置	呼:停车	复诵
牵引	救援列车越过故障车停车标位置时	复诵,并认真确认停车标位置及时提示三、二、一车距离	口呼:救援车已越过停车标,注意确认停车位置(救援车司机按故障车提示三、二、一车距离控制好速度,速度分别为:8km/h、5km/h、3km/h)
	故障车司机确认停车标位置后	呼:停车	复诵并停车
列车解钩	列车已对标停稳	呼:故障车已对位停稳,施加停放制动	复诵
	故障车已做好防溜	呼:故障车已做好防溜,可以解钩	复诵,并按压解钩按钮
	离钩操作	呼:解钩完毕,可以离钩	复诵,并缓解停放制动,后退30cm
	离钩完成	复诵	口呼"离钩完毕"

车站救援调度命令一般格式如表8-6所示。

调 度 命 令　　　　　　　　　　　　　　表 8-6

_____年_____月_____日_____时_____分

受令处所	××站转××次 列车司机	日　期	命令代码	行调代号	发令时间
命令内容	1.准××次列车担任救援列车,在××站清客后改开××次,前往××站(××站~××站间上/下行线)连挂故障车,再将故障车送至××站折返线(停车线)。 2.故障车尾部停在××站上/下行线站台(××站~××站间上/下行线××m处)。 3.注意防护信号和救援作业安全。 4.救援完成后至××站上/下行站台待令				

【实训模块】

一、实训准备

(1)模拟驾驶设备。

(2)地铁沙盘设备。

(3)车辆设备。

(4)手信号、对讲用具。

二、实训内容、要求

(1)实训中,设置行调、车站值班员、被救援列车司机和救援列车司机等岗位,各岗位履行职责、协同配合进行列车故障,区间救援作业步骤演练。

(2)实训练习前做好充分准备,熟悉救援作业步骤,了解行调、检调、车站值班员职责,熟知被救援司机和救援司机的救援任务步骤和要求。

(3)练习口述调度命令及联控用语,做到思路清晰,声音洪亮,表达准确。

(4)练习布置和准备进路、开闭信号(含手信号显示)、接发列车作业。

(5)进行救援实训时,行调、车站值班员、被救援司机、救援司机分工明确、协调配合。按救援步骤,逐项完成救援作业并尽可能做到有关环节平行作业,以减少整个救援时间。

(6)实行轮岗演练,每个学生都要明确并演练被救援司机和救援司机的救援作业步骤、要求并熟练掌握救援作业有关操作技能。

三、列车故障,区间救援,推进运行作业步骤演练

1. 故障列车司机救援任务步骤、要求

(1)及时报告。

发生故障被迫停车,及时向行调、车控室报告并做好对乘客广播;同时按《故障处理指南程序》检查、处理故障。

(2)请求救援。

汇报故障处理情况,处理不了请求救援时,报告列车被迫停车的准确位置。

(3)救援准备。

做好被救援的相关准备工作,并做好列车防护、防溜措施。

（4）指挥连挂。

指挥救援列车至距离故障列车 10m 左右及 1.5m 左右分别一度停车（图 8-5）。

经检查钩位，确认安全（图 8-6）后，显示连挂信号（或连挂用语）指挥救援列车进行连挂作业，连挂后经试拉，确认连挂妥当（图 8-7）后，通知救援列车司机。

图 8-5　救援列车连挂故障列车前一度停车

图 8-6　连挂前检查钩位，确认安全

连挂信号显示方式及意义参见项目七任务一：调车作业手信号显示内容。

（5）二人共同确认、核对救援调度命令，明确救援要求及安全注意事项（如图 8-8 所示，调度命令一般格式如表 8-8 所示），撤除防护、缓解列车制动。做好开车前的准备及对乘客广播。

图 8-7　救援列车与故障列车连挂妥当

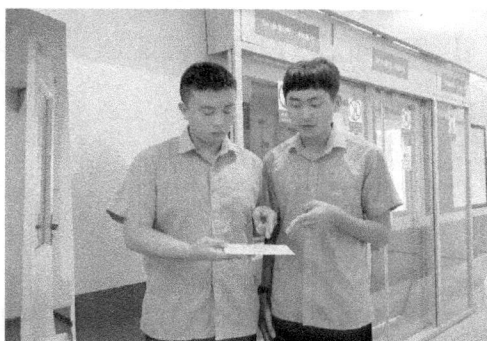

图 8-8　故障列车司机、救援列车司机
共同确认核对救援调度命令

（6）及时熄灭防护头灯，口头通知动车，推进运行中，负责前方瞭望、确认前方进路，加强联控，指挥救援列车运行，如图 8-9 所示。

（7）对标停车，清客作业。

列车到达前方站，指挥列车在距离停车地点前 20m 应一度停车，按调车方式引导救援列车在规定位置对标停车。清客广播两次，进行清客作业。

图 8-9　救援列车连挂故障列车后推进运行

(8)确认清客好了后,负责瞭望,指挥救援列车司机将故障列车推送至指定停车线停妥,故障列车施加制动后,通知救援列车司机进行解钩,向行调报告救援工作结束。

2. 救援列车司机救援任务步骤、要求

(1)到达车站,接收救援命令,进行清客广播两次,确认清客好了(图4-33)。

(2)救援列车以规定模式向故障列车停车区间运行至0码处,转换URM模式限速40km/h运行。若因天气、地形等导致瞭望条件差且确认故障列车所在位置困难时,应适当降低速度,确保行车安全。

(3)接近故障列车时,按三、二、一车距离信号要求控制好速度,至距离故障列车10m左右一度停车(图8-5)。确认准许连挂,根据连挂信号(或连挂语音)动车移动至距离故障列车1.5m左右再次一度停车。

(4)确认安全后,根据连挂信号(或连挂语音),以洗车模式,不超过3km/h的速度与故障列车安全连挂,连挂后要试拉。

(5)二人共同确认、核对救援调度命令及安全注意事项。

(6)救援列车以故障列车防护头灯熄灭和故障列车司机的口头通知作为推进动车的凭证,推进运行采用URM模式驾驶,限速运行。二人应加强联控,听从故障列车司机指挥,推送救援列车安全运行。

(7)运行至前方站将故障列车对标停车,清客。

(8)按要求将故障列车推送至指定停车线后,听从故障列车司机通知进行解钩作业,解钩后通知行调,按行调的指令执行。

四、实训记录、总结及评定

1. 记录

(1)学员及时在实训手册上填写救援作业实训目的、每日实训任务、要求,并领会、熟悉。

(2)在实训练习过程中,将实训学习、练习的过程、结果及时记载到实训手册中,并简要分析。

2. 总结

学员根据实训手册中实训目的、每日实训任务、实训记载进行总结。

3. 评定

教师根据实训情况进行客观评定。

复习与思考

1. 为了能正确及时地处理突发险情、事件,对司机的基本要求是什么?
2. 简述突发险情、事件时的处理原则。
3. 简述客车开、关门作业发生夹人事件的处理办法。
4. 扼要说明列车在车站发生火灾的处理程序。
5. 列车在区间发生火灾时,司机如何正确处理?
6. 列车在车站或区间发生轧人事故时,分别如何正确处理?

7. 何谓挤道岔？列车在正线或辅助线发生挤道岔时，如何正确处理？

8. 列车发生冲突、脱轨事故时，司机应采取什么措施？

9. 列车发生故障后的处理原则是什么？

10. 简述列车故障处理的一般方法。

11. 简述当客室关门操作后出现相应侧关门灯不亮，驾驶室"车门全关闭"绿色指示灯不亮的一般处理步骤。

12. 写出车门故障隔离（切除）操作五步骤。

13. 简要说明切除 ATP 运行的注意事项。

14. 简要说明信号联锁设备故障时的行车办法。

15. 扼要说明"电话联系法"行车规定。

16. 简述列车故障救援的基本原则。

17. 分述故障列车司机、救援列车司机救援作业步骤和要求。

18. 进行救援实训演练过程中，你是否能按分工的岗位要求，认真履行职责，与有关岗位协调配合，按救援步骤，共同完成救援作业？

参 考 文 献

[1] 上海申通地铁集团有限公司,轨道交通培训中心.城市轨道交通概论[M].北京:中国铁道出版社,2009.
[2] 费安萍.城市轨道交通行车组织[M].成都:西南交通大学出版社,2008.
[3] 中国铁路总公司.铁路技术管理规程(普速铁路部分)[M].北京:中国铁道出版社,2014.